他小時候不是這樣，到底出了什麼問題？

拯救青春期焦慮症，26個孩子不曾說出口的祕密

黃依潔 — 著

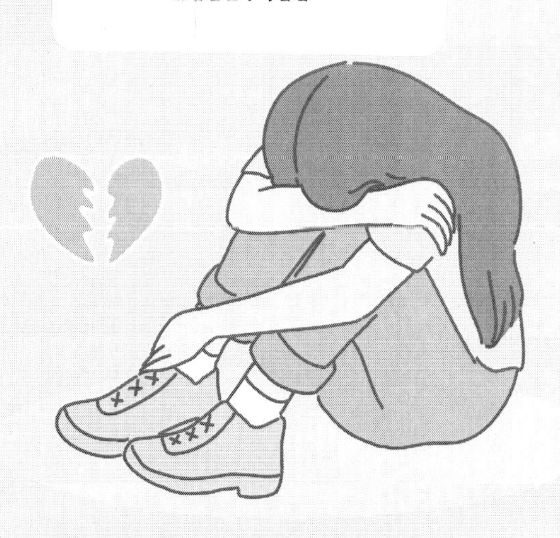

無論發生什麼，或將要發生什麼，
你永遠不會喪失價值，你依然是無價之寶。

目錄

第二章 接納自己，轉過身來看積極面

第三章 心理按摩，與學習障礙和解

第五章　衝破藩籬，做真實生活主角

目錄

序言

每個健康向上的青少年，都應該像春天的原野般自然完美、生機蓬勃，然而在現實生活中，有大量的青少年幼小的心房中，卻籠罩著沉重的情緒陰影：或憂鬱孤獨、或嫉妒猜疑，或喜怒無常、或無端恐懼、或顧慮重重，心理學上將這種狀況稱為心理陰影，或叫做心理失衡，它嚴重影響著當事人的學習和生活，嚴重者也會危及生命。

每天，當我們翻看報紙、上網瀏覽新聞甚至從親友交談中，也常會看到、聽到某某學生跳樓自殺、暴力犯罪、強制戒除網癮等報導，這些讓人心痛的現象背後，是極度扭曲的非健康情緒在發揮負面作用。臨床心理學研究表明，情緒主宰著健康，強烈而持久的消極情緒，如煩躁、焦慮、孤僻、失望等，最終會導致生理疾病的發生。

青少年正處身心發育的高峰期，也是精神疾病的多發時期，更是不健康行為的孕育期。由於青少年的心理活動狀態不穩定，認知體系也尚不完備，生理成熟與心理成熟也不同步，還有對社會和家庭的高度依賴等原因，使得他們比成年人有更多的焦慮，也會遭遇到更多的挫折，所以更容易產生心理障礙。

健康是人的第一財富，沒有健康，就沒法參與學校生活，知識也無法有效利用，智慧更無法啟迪心靈。因此，筆者以多年的教育經驗與專業心理知識相結合，編寫了本書，旨在透過講述、剖析典型範例加上專業講評的方式，來為廣大的青少年解除心理困惑，引導他們擺脫心理問題的陰影，重新以健康的心態迎接人生的挑戰。

全書透過「原音重現」、「案例講評」與「心靈點燈」三大單元組合而成，以專業可信、輕鬆易懂的撰寫方式，盡力為廣大的青少年們擺脫心理陰影及成長障礙，幫助他們以積極樂觀的心態面對人生課堂。

我相信，這是一本實用性極強的心理解壓用書。

在很多情況下，心態決定了一切。人生在世，總會有這樣那樣的困難和困惑，積極的心態會帶給你柳暗花明的驚喜，而消極的心態則會使事情變得更糟。。

本書的編寫內容中，在「心靈點燈」單元中，對應穿插了精彩絕妙的勵志短篇故事範例——「故事說明」，依照單元主題，適時為讀者朋友疏解困擾、療癒心靈。

願本書能幫助廣大青少年在打開心靈枷鎖的同時，也能為更多家長朋友及教育工作者們撥開籠罩在現象背後的層層迷霧，讓因心理障礙而發生的悲劇不再重演，讓更多的學生生活在沒有心理陰影的人際關係中。

第一章　認識世界，首先認識你自己

正確的認識自我，是認識世界的開始，是走好人生之路的第一步。你對自己的認識越客觀、越準確，你選擇正確道路的可能性也就越大；你選擇的道路越正確，你取得成功的可能性也就越大。所以，聰明而健康者的人生應該從正確認識自己開始，從直面自身的問題起步。

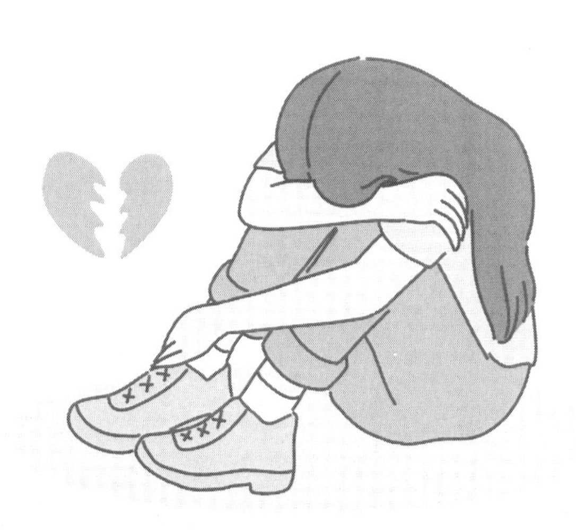

「天啊，如此優秀的我怎麼會變成這樣」
——自我不確定心理調節

謹記：我們不能決定生命的長度，但是我們可以擴展它的寬度；我們不能改變自己的容貌，但我們可以時時展現自己的笑容；我們不能控制他人，但我們能掌握自己；我們不能預知明天，但我們能把握今天。

【原音重現】

李明興，高一學生

「我最近特別難受，已經有兩夜睡不著覺了，心跳特別快，白天迷迷糊糊，覺得一點力氣也沒有。」

「是什麼事讓我這麼著急呢？當然是煩人的考試！」

「按理說我從國中到高中，經歷的考試次數也不算少，而且那個時候我的成績總是名列前茅，總是讓同學和老師刮目相看，可是我現在的成績卻總是不理想，這是為什麼呢？」

「我還沒上高中之前是台南市崇明國中的學生。在那時，我是我們班上的模範生，在全校也是數一數二的好學生，國中二年級開始擔任班上的總務股長，到了國中三年級則擔任班長，老師很信任我，我經常受到表揚，同學們都很羨慕我，在班上也比較支持我。基測的成績很好，因而考到台南一中來。基測時，我的數學滿分，在我們國中數學滿分的就我一個人。接到錄取通知書後，我高興極了，我的父母、老師也都為我而驕傲，鼓勵我到高中後繼續努力。我心想，從幼稚園以來，我就沒落後過，到高中我也一定不會差。」

「可是我從上高中的第一天起就感覺種種的困擾在我的周圍，令我感覺喘不過氣來。我在班上沒擔任任何幹部，只當了個小組長，宿舍沒人負責，我又自告奮勇當了舍長。我經常主動掃地，同學們對我的態度還可以。可是，有的同學從來不為宿舍打掃，別人掃乾淨後他就使用，我心裡就不太高興，常提醒他們自己去打掃，提醒的次數多了，他們就不高興了，總在背後說我愛指揮別人。總之，很多事情都讓我感到不滿意。我是一個自尊心很強的人，在國中時就連校長、主任也時不時誇我幾句，沒想到進入高中後，會變成這個樣子，我的情緒十分低落，真受不了這種不受重視的感覺……」

【案例講評】

李明興的問題是由於新生環境適應不良而產生了不確定心理。由於李明興未上高中之前有著高高在上的學習成績，與他在上高中後的學習成績低下的狀況，產生了強烈的反差，使他從心理上無法接受上高中之後的自己，這種上高中前後的強烈落差使得他越來越迷失自我，越來越對自我失去了信心。

李明興他從對自己的自信、滿意到現在的自我懷疑，是導致他出現緊張、焦慮的主要原因。因此，想要消除這種不確定心理，必須先從其產生心理問題的根源入手——就是要逐步的正視自我，真正清醒的認識到現在自己學習成績就是中下水準，不可能只靠幾天的努力就達到原先在中學時優異的學習成績。

只有李明興自己真正認識和面對了這一點，才能放下自己的心理包袱，進而讓自己透過長時間、日積月累的努力達到學習成績的回升。也只有當李明興真正的接受了現在的自我，他才能正確的面對和接受同學和老師對他的態度，才能逐步與他們融洽的相處，找回迷失的自我。

【心靈點燈】

在人的自我意識中，存在著現實自我和理想自我兩個部分。高中生隨著身心發育的

不斷完善，認知能力的不斷提高，社會生活體驗的不斷加深，理想自我與現實自我之間的差距就開始產生了。

在現實生活中，人與人進行人際交往，處理個人生活問題以及學習，總會產生一定的結果。而每個學生都會透過此結果與預期的理想狀態進行比較，並用自身的一套標準對這些結果進行判斷，從而獲得對自己的能力、品行、身體、容貌等自我認知。若是對自我滿意，就產生了自我認同，若不滿意則產生自我拒絕。

那麼，究竟應該怎樣消除自我的不確定心理呢？對此，美國著名心理學家班杜拉告誡年輕朋友可以從以下兩點來做調節：

一、調整心態，定位好自己

如果一個人因為在某種競爭上失敗了，那麼就要調整心態，重新定位自己。這個時候可以採用自畫像的方法，就是讓自己完成「我是誰」這個題目的答案。題目分成三個問題：一個是現實自我，一個是鏡中自我，一個是理想自我。讓自己根據自己的實際情況用一些描述性的句子或詞語來描寫自己的這三個自我形象。這樣一來，讓自己對自我有一個更為清晰的認識，也就可以消除自己的自我不確定心理了。

【故事說明】

這是一次殘酷的長跑角逐。參賽的有幾十個人，他們都是從各路高手中所選拔出來的。然而最後能得獎的名額卻只有三個人，所以競爭格外激烈。

一個選手以一步之差落在了後面，成為第四名。

他受到的責難遠比那些成績更差的選手多。

「真是功虧一簣，跑成這個樣子，跟倒數第一有什麼區別？」大多數觀眾都這樣認為。

這個選手若無其事的說：「雖然沒有得獎，但是在所有沒得到名次的選手中，我名列第一。」

誰說跑第四名跟跑倒數第一沒有什麼區別。在競爭中，自信的態度，遠比名次和獎品更為珍貴。贏得起，也輸得起的人，才能夠取得大的成就。

二、要明白人或事物不同，評價標準就會不同

如果你是因為評價標準的變化而造成了對自我的拒絕，那麼就需要到心理諮詢專家那裡，讓他們幫助自己建立自己的評價標準系統，完善自我意識的發展，從而減少自我衝突，消除自我的不確定心理。這個時候，你可以將不同的評價標準列出來，然後和心

理專家共同進行評判和評價，這樣做的同時你會感受到充分的自由和保護，這樣一來，你的自我意識才能得到充分自由的發展和完善，從而消除不確定心理。

【故事說明】

傳說古希臘有一個小國的國王很精通數學，他按照全體市民的身高平均數，非常精確的計算和設計了一張金床。

每當有客人到來，國王都用這張床接待他們，而且有一個特殊的規定：客人必須絕對適合這張床，因為這張床是無價之寶，不能有任何改動。於是，若客人太矮就要被拉成與床一樣長，客人太高的話就要鋸掉一些以適應床。

那個小國的國王也許是帶著世界上最好的動機來做每一件事的，但由於苛刻的標準卻使得他適得其反。

生命是漫長而無限的，單用某一個定義來界定是不可能的，也是不合理的。因此說，用某一個標準苛求人生，或者是複製人生，只會作繭自縛。只有靠自己的實力，才有可能取得成功，並獲得別人的尊重。

下面介紹幾種可以讓人更好的瞭解自己，消除自我不確定心理的方法：

一、以「我想做……的人」和「我是……的人」這樣的兩個句型，每個句型完成十五

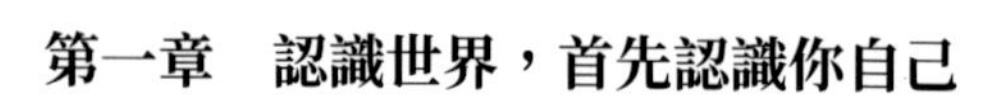

個有關自己的陳述句。分析一下理想中的你，與現實當中的你有什麼本質性的差別和非本質性的差別，然後清楚的認識現實的自我，把理想中的自我當作自己的奮鬥目標。

二、寫下十到二十個能體現自己性格特點的形容詞，看看是褒義詞多還是貶義詞多？有什麼特色？在哪些方面是突出的？形容詞有沒有性別色彩？和你自己的性別角色是否相符？將形容詞試著歸類。然後用筆將分析結果記錄在紙上。

三、可以想像一下自己將去見一個陌生人（一個從未謀面的新朋友，或是求職面試的主考官等），屆時你將把自己介紹給對方，這時你會做出怎樣的自我描述，有哪些特點是你最想介紹給別人的？有哪些缺點是你希望掩飾的？你將最先向別人介紹哪些自己的情況？放在最後才說的又是什麼？然後用筆記錄在紙上。

四、讓別人幫自己拍一張照片或直接照一照鏡子，然後對照照片或鏡子中的你進行客觀的分析和評價。觀察一下自己的神情姿態、動作和站位，服裝的色彩，眼神和表情是否自然，從照片中試圖判斷自己的心態，是積極的，還是消極的，是自我肯定的，還是自我否定的？或是看看鏡子中的你是不是喜歡自己的長相和氣質？是不是能接納和認同自己的形象？哪些是自己較為滿意的地方和優點？哪些是自己的不足之處？將分析和評價的結果詳細的記錄在紙上。

「我實在太弱小了，就像一棵小小的草」

——自卑心理調節

謹記：在大千世界中，生命有如滄海一粟，不要讓自卑占據你整個心靈，插花很美麗，但沒有花的那部分空間也屬於花藝的一部分。遠離自卑吧！並提醒自己「我是最棒的！」。

生活不會，也不可能將你遺忘。

【原音重現】

李佳穎，高二學生

「我是一個普通的不能再普通的孩子」；

「長相一般，還有幾個煩人的小雀斑使我顯得更難看了」；

「同學們擁有的名牌，我只能看一看，卻不能擁有」；

「學習嘛，怎麼學都學不好，我想是我的腦袋天生就不好吧？」

「我的專長？可以說是空白吧。班上的同學都上過各種補習班，一個個都有專長呢，

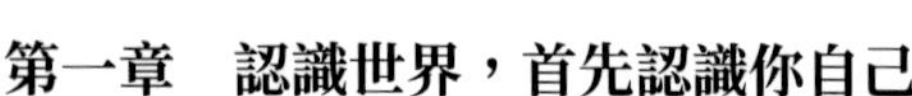

可是爸爸媽媽都沒工作，我從來沒有機會去上補習班，哪裡來的專長？」

「總之，我注定了是一棵小小草啦，一棵小草能有什麼出息呢？也許這輩子就只能草草的混過去啦，真不知道有什麼意義……」

【案例講評】

很明顯，李佳穎是一個典型的有著自卑感的人。而在生活中，有更多的人，甚至是比李佳穎各方面條件都要好的人，也有著不同程度的自卑。

奧地利著名心理學家阿德勒曾經說過：「補償人類自卑感的能量是人類行為動力的基礎。」其實，適度的自卑在一定程度上是一個人前進的動力，激勵著我們不斷的完善自己。但是，過分的自卑卻只能成為一個人前進的絆腳石，成為我們的精神枷鎖。

有自卑心理的人總是哀嘆事事不如意，老是覺得氣餒和悲涼，甚至覺得沒有自己的立足之地；他們總是覺得自己差人一等，總是不敢表現自己，因此對自己的優點也往往視而不見；自卑的人往往認為自己在某方面或多個方面都很「沒用」，這在無形中為自己設置了一個限制，套上一個枷鎖，在這種想法之下去做事，很難全身心的投入，自然也很容易成為失敗者，從而在無形中又加重了自卑的程度。

針對李佳穎同學的情況，她可以去找心理諮詢專家充分的傾訴，充分的表露自己的

自我認知，然後從中找到自己產生自卑的原因，到底是理想自我和現實自我的距離太大，還是由於某些非理性的想法所造成的。然後再針對具體的原因，結合下面處方裡的具體做法，其自卑感自然就會降低了。

【心靈點燈】

高中階段，是人生的一次重要轉折。進入高中階段後，學生將更多的直面生活，獨立的對自己、對他人、對社會負責。相較於過去，需要更多的自理、自律、自強，需要更多的自覺、主動、創造。為此，一個高中生應該做好以下幾個方面的心理準備，盡快進行自我調節。

一、擺脫依賴，自主自立

對於大部分新生來講，上大學是第一次離開家庭獨立生活，飲食起居要自己料理。因此，必須擺脫掉依賴心理，逐漸訓練自理能力，學會自立，管理好個人的生活物品和錢，能獨自安排自己的生活和學習。

要知道，大學裡的課程內容更多，要求更高。因此事先預習很重要。在時間相對充足的情況下，要注意英語和電腦方面的學習，要加強人文素養的提高、身心的鍛鍊，擴

大自己的知識層面。

【故事說明】

在一座院子裡有兩棵樹。因為有高牆的庇護，一棵樹長得高大挺直。而另一棵樹就大不一樣，因為要獨自去承受風雨的襲擊，它不得不隨風生存，樹幹也就因而彎曲斑駁，非常的難看。

但是，有一次，這個院子在遭遇了颱風襲擊後：高牆倒了，那棵秀立的大樹也被齊腰折斷，然而那棵斑駁的老樹，雖然又再傾斜了一些，但依舊傲然向上。

這個故事告訴我們：一個人如果一味的尋求依賴和庇護，那麼在真正的風雨面前往往是不堪一擊的，所以一個人還是靠自己踏實的生活為佳。

二、平和心態，增強自信

很多人考上高中後，過一段時間就會突然失去自信，感覺到自己不再優越了，這種心理失落大多來自於競爭的對手變多了，自己不能再保持像國中時的優越地位了。其次是有的同學與別人比家庭地位、比穿著、比外貌，這樣比較的結果，產生自卑心理，因而情緒低落、封閉自我。

對於這種心理失衡，年輕人應該認知到進入高中是一個新的起點。自己應從同學身上截長補短，重新計劃新生活。更重要的是正確認識自我、接納自我，給自己一個準確的定位。告訴自己我是獨特的，我喜歡我自己，我一定會做得更好。

【故事說明】

在一次世界性的攀登珠穆朗瑪峰北峰比賽的前夕，有記者對這些來自世界各地的探險者進行了採訪。

一位記者問其中的一名探險者：「你打算登上珠峰的北峰嗎？」

他回答說：「我將盡力而為。」

記者又問另一名探險者：「你打算登上珠峰的北峰嗎？」

該名探險者答道：「我會全力以赴。」

接著，記者又問了第三個探險者同樣的問題。

他說：「我將竭盡全力。」

最後，記者問一位年輕：「你打算登上珠峰的北峰嗎？」

這個年輕直視著記者說：「我將要登上珠峰的北峰。」

最終，只有一個人登上了北峰，就是那個說「我將要」的年輕人。他想像自己到達

了北峰，結果他的確做到了。

盡力而為、全力以赴、竭盡全力永遠都不如那積極的心態來得堅決。無論我們追求的是什麼，我們都應該在實現目標之前想像我們已經做到了這一點。先想像得到，再去得到。

三、不再孤獨，融於集體

對很多同學而言，相對於國中階段，高中生活意味著又一次來到一個陌生的新環境，有一部分的新生會感到孤獨和無助。其實學校環境中，除了學習知識，還應該學會與背景不同的人共同生活。學會合作、交流、溝通和分享。同學們來自不同家庭的差異，家庭背景的不同會導致文化、價值觀的差異。這就需要同學、室友之間互相寬容，理解，換位思考，助人為樂，讓宿舍成為大家溫馨的新家，心靈的港灣。

高中生活就如同進入了半個社會，學校內有各種資訊和各種社團活動，每個人應該根據自己的興趣和特長選擇性的參與社團活動。加入不同的團體當中。對於培養自己的團隊精神，合作意識，處理好人際關係都大有好處，從中還會收獲友誼，溫暖和快樂。

【故事說明】

上帝來到人間，問一隻被囚在籠中的畫眉：「你願意到天堂去生活嗎？」

「為什麼要去那裡呢？」畫眉問。

「天堂寬敞明亮，不愁吃喝。」

「可是我現在也很好啊。我的吃喝拉撒全由主人包辦，不用受風吹雨打，還能天天聽見主人說話、唱歌。」畫眉回答。

「可是，你自由嗎？」聽了上帝的話，畫眉沉默了。

於是，上帝以勝利者的姿態，把畫眉帶到了天堂。他把畫眉安置在翡翠宮裡住下，上帝就走了。

過了一年，上帝突然想起了畫眉，便去翡翠宮看望牠。

他問畫眉：「啊，我的孩子，你過得還好嗎？」

畫眉答道：「感謝上帝，我活得還好。」

「那麼，你能談談在天堂裡生活的感受嗎？」上帝真誠的問。

畫眉長嘆一聲，說：「唉，這裡什麼都好，就是沒有人和我說話，使我無法忍受。您還是讓我回到人間吧。」聽了這話，上帝禁不住的點點頭。

沒有誰願意離開集體而孤獨，人，更是喜歡群居、屬於社會的，顯然，人與人之間

需要很好的交流和溝通的，畢竟我們不是生活在不食人間煙火的世界裡。若是沒有互相交流和互相欣賞，即使給你天堂，也注定得不到快樂、自由。

四、遠離誘惑，珍惜時間

獨立學習生活中的誘惑是非常多的，有的同學穿戴名牌，手機，筆電一個都不少，有的同學四處兼職打工賺錢，收入不菲；有的同學花前月下，浪漫放縱；有的同學沉迷於網路遊戲等等。面對這些，新生千萬不要迷失自我，要保持清醒的頭腦以冷靜面對。要知道身為學生，學習是最重要的事情，只有努力的學習，才能更好的面對未來的學習和生活。

高中不是一個保險箱，不是打工賺錢的地方，更不是追求享樂的場所。高中是一生中最為關鍵的階段，從入學的第一天起，你就應該對高中生活有一個正確的認知和規劃。一定不要虛度這段寶貴的光陰。

【故事說明】

有兩個人，他們在一條風景優美的路上散步，沿途的風景讓他們覺得很快樂。但由於兩個人的步伐不一致，乙慢慢的落在了甲的後面。這種感覺讓他有點不開心，乙慢慢

的加快了步伐，很快的便趕上了並走到甲的前面。

甲看到這種情況，也加快了步伐，很快又超過了乙。如此這般的反復下去，兩個人越走越快，從最初的散步到大步流星，再到後來的奔跑。他們的精力都專注於誰跑得更快，而無暇顧及路邊優美的風景。

由於兩個人的精力都放在奔跑上了，但從欣賞風景角度來看他們所獲得的幸福感卻降低了。這個寓言也是當今物質競爭社會的一個縮影：雖然很多人所賺的錢越來越多，但他們的幸福感並沒有增加，反而因為相互的比較，而忽略了生活中那些真正讓人快樂的事情。

「我總是愛挑自己的毛病」

——自我調控能力不足心理調節

謹記：我們需要接受全部的自己，不要因為缺乏某種能力或才華，而放棄了自己。看重自己的優點，改進自己的缺點，即便你天生就失去某種能力或在肢體上有些障礙，那上天也會在關上一扇門之後，為你打開另一扇窗。

【原音重現】

劉燁鑫，高一學生

「我來自一個貧困的山村，從小就體弱多病，家人因為擔心我的身體，總是要我待在家裡，不讓我到外面跟其他小朋友玩，直到上小學後我才真正和同學們在一起玩……」

「考上高中，在校園裡生活學習了一段時間後，我就覺得這裡的其他同學都很出色，原來我自己就覺得壓力很大，現在又看到其他人各有各的才華，而我不但沒有進步，反而心情越來越沉重、鬱悶和孤獨。」

「我從小學習很勤奮，成績也很好。母親對於我寄予了很大的期望，總是在別人面前讚賞自己的女兒。長大後我發現我的性格比較內向、敏感，容易自責，遇到事情總是很難開解自己。我總是愛挑自己的毛病，覺得只有死才能逃開這一切的苦惱，如果不是因為我的父母、不是因為我的家庭的養育之恩、不是怕父母經受不了我死去的打擊，我真就會一了百了。」

「我現在這樣子，什麼用都沒有，將來怎麼可以走入社會呢？我還有什麼前途可言？」

【案例講評】

劉燁鑫現在的問題屬於自我調控能力欠佳。主要的原因是因為成長經歷不順利，而不順利的成長經歷不但沒有鍛鍊到她的心理承受和調節能力，反而讓她變得敏感、自卑又脆弱。

特別是在對自己的評價上面，劉燁鑫的自我完美主義比較明顯，也就是她的理想自我目標很高。就如同她自己所說的，她一直努力的維持自己在父母心目中的完美形象。上了高中之後，遇到新的生活、競爭環境，她發現原來自己並不是很出色，於是一直以來努力維持的形象破滅，她轉而過大的誇大自己的不足之處，導致自我否定，並發展成自我厭惡，最後甚至想要自殺，一死了之。

【心靈點燈】

無論從哪一方面來說，增強自我調控能力都是很重要的。良好的自我調控能力是一個人成熟的表現，我們常說的修身養性，其中也包含了自我調控能力，也可以這樣說，當你真正學會自我調控時，你才真正成為你自己的主人。

那麼，應如何增強自我調控能力呢？

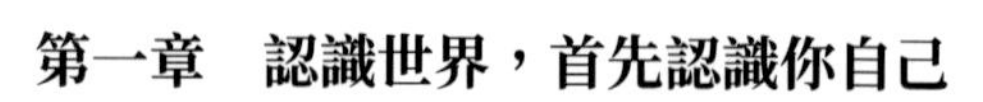

一、使用積極心理自我暗示

就像這個案例中劉燁鑫的情況，她可以透過大聲的對自己說「我喜歡我自己」，然後再說出喜歡自己的許多理由的方法來調節自己。有時候，我們總是挑自己的毛病，所以越來越覺得自己不中用，可是如果我們能夠找到一些喜歡自己的地方，這樣對於我們接受自己來說是很有用的。

【故事說明】

「你為什麼總趴在窩裡不出來呢？」快樂的小白兔站在刺蝟的洞口呼喚牠矜持的鄰居。

「因為我害怕看到別人！」裡面傳來小刺蝟細微的聲音。

「那有什麼好怕的，牠們都很友好，而且都希望和你成為朋友！」小白兔勸慰牠說。

「我知道，但是我長得很難看……而且長滿了刺……你們會不喜歡我的！」刺蝟十分擔心的說。

「那不是正好嗎？你的刺可以保護我們呀！再說朋友之間還是需要有點距離的，這是你的優點啊！」小白兔高興的說道。

「我沒有你那麼能說會道，我能和別人聊點什麼呢？」刺蝟探出頭，露出羞得滿面通

紅的小臉。

「你的口才也很好啊，看你為自己找起藉口來多能說！」小白兔開玩笑的說。「隨便說什麼都行，我們森林俱樂部的朋友都是隨便聊的，在那裡你還可以享用蜂蜜，說不定人家還會推選你去保安部任職呢！」

聽到小白兔這樣說，小刺蝟終於勇敢的走出了那一步。

在造物主的眼中，每一個人生來都是一個奇蹟。想要讓這個奇蹟得到別人的認可，就要喜歡自己、熱愛自己、相信自己、勇於嘗試、敢於挑戰自己並超越自己。

二、轉移注意力

可以從心理上進行注意力轉移，把自己的感情和精力轉移到其他的活動中去；一種是環境轉移法，就是當自己想要發脾氣時，立刻離開要發脾氣的對象，眼不見心不煩，如果實在需要發洩，可以透過其他的方法來發洩怒氣，如大聲喊叫或者去做比較劇烈的運動，比如跑步、騎腳踏車等。

三、深刻理解一切的事物要「適度」

辯證法告訴我們，任何事物都是一分為二的，好事若是辦不好也會變成壞事；壞事在一定的條件下也可以變成好事。一切事物都存在著一個「度」的問題，若是超過限度，物極必反，就會走向事物的反面。

【故事說明】

猴子想要學種葡萄，便走到葡萄園裡。牠見到園丁正在給葡萄苗澆水，就說：「原來種葡萄需要水，這還不容易！我要給葡萄苗澆更多的水，讓它結出更多的葡萄！」於是，他把一棵葡萄苗插進河裡，結果葡萄苗被淹死了。

猴子第二次來到葡萄園裡，牠看見園丁在給葡萄苗施肥料，就說：「哦，原來葡萄需要肥料。那我要給葡萄施更多的肥料，就能結出更多的葡萄！」於是，牠把葡萄苗栽在糞堆上，葡萄苗敗根死了。

我們都知道，葡萄的正常生長是仰賴多種生存條件綜合作用的結果。只有按時澆水，適時、適量的施肥，葡萄苗才能得以枝繁葉茂、茁壯生長。猴子雖然學習到水分、肥料乃葡萄苗生長之所需，但卻沒能掌握合理灌溉、施肥的技術，造成葡萄苗生長期間水分過剩、營養過旺，導致死亡。

俗話說：「物極必反。」這個故事告訴我們，任何事物都必須保持其一定的限度，在自然現象和社會現象中，任何事物都有個「度」，只有使事物保持特定的質與量的界

限，才能不斷促進事物的發展。

四、目標確立要適宜

也就是說，自我期望應該建立在符合自己的實際情況、切實可行的基礎之上。學生應該有理想、有志向，但這種理想和志向不能是高不可攀的，也不應該是唾手可得的，而應該是透過一定努力可以實現的適宜的目標，應該符合個人的個性特點和實際能力水準。

一個人給自己確定一個什麼樣的目標很重要，應該善於選擇目標，並將長遠目標具體化，由近至遠、由低到高的逐步接近有限的終極目標。

【故事說明】

巴黎的一家雜誌曾經刊登過這樣一個有趣的競答題目：「如果有一天羅浮宮突然起了大火，而當時的條件只允許從館內的眾多藝術珍品中搶救出一件，請問你會選擇哪一件？」

在數以萬計的讀者來信中，一位年輕畫家的答案被認為是最好的——選擇離你最近的那一件。

這是一個令人拍案叫絕的答案，因為羅浮宮內的收藏品每一件都是舉世無雙的瑰寶，所以與其浪費時間選擇，不如抓緊時間搶救的了一件算一件。

在成功的道路上，如果你定下了至少三種以上的目標，那麼，最佳的選擇往往不是最絢麗最誘人的那一個，而是離你最近的那一個——在步調快速的今天，磨刀是會耽誤砍柴工的！

「我只欣賞我自己，感覺沒有任何人值得交往」
——自負心理調節

謹記：人不能沒有一點自負。但是，自負必須建立在對正確的認知、客觀現實的基礎上，脫離實際的自負不但不能幫助人們成就事業，反而影響自己的生活、學習、工作和人際交往，嚴重的還會影響心理健康。對年輕人來說，在適當的範圍內，自負可以激發他們的鬥志，樹立必勝的信心，堅定戰勝困難的信念，使他們能夠勇往直前。

【原音重現】

董鎮宇，高三學生

「我們宿舍一共有四個人。除了我和余力行，還有另外兩個室友。不過，那兩個同學沒有什麼優點。他們兩個一個只知道打線上遊戲，一個只知道看小說，兩個人都不太聰明，天天只知道混日子。但這樣的人居然也找到兼職了，真是奇怪。也不知道那些求才公司是怎麼面試的，這樣的公司請我去我都不去。余力行倒是挺聰明的，跟我差不多。不過，他這個人也有點問題。他這個人很以自我為中心，平時看不起人，經常批評其他人。我跟他有時候難免也會吵起來。他這個人就是得理不饒人。我特別討厭他，不知道為什麼，特別是他被拒絕我的那間公司錄用後，我更是一見到他就覺得不舒服。覺得他好像在向我炫耀一樣。我現在不太願意回宿舍，就是怕見到他。」

「我自認為自己為人很直率，沒有什麼心機，想到什麼就說什麼，見到同學有什麼做得不好的，我就會立刻指出來。也許是因為我太過直率了，所以一直以來我都沒有什麼好朋友，人緣也不是太好。對於那些因為受了我好心的『勸告』就感到不高興的凡夫俗子，我認為沒有什麼與他們交往的必要。因為這些人太過庸俗了，不值得我去與其交往。」

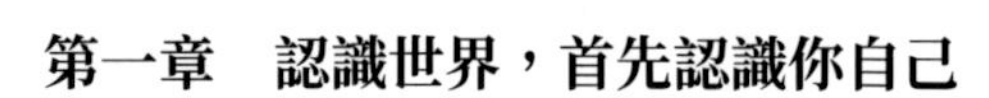

【案例講評】

董鎮宇對於余力行的厭惡反應，從心理學上來說，一方面是妒忌，另一方面也是因為從余力行的身上董鎮宇看到了自己的缺點，而董鎮宇卻不想承認自己和余力行有同樣的缺點，更不能接受自己和余力行在本質上是屬於同一種人的這一事實。在他的眼裡，別人的都是缺點，而自己的都是優點。這是自負者的一個很明顯的特徵。

董鎮宇自我的困惑與矛盾是典型的自負心理造成的。在這種心理的支配下，不少人在尋求半工半讀或訓練獨立能力的過程中，總是自以為是、自負自傲，自以為自己什麼都懂、什麼都會，於是誇誇其談，結果留給徵才公司的是浮躁、不踏實的印象。試想，有哪家公司肯要一個不知天高地厚、自命不凡、眼高手低的人呢？

【心靈點燈】

一個人在自負心理的支配下，往往擴大現實的自我，形成錯誤且不切實際的理想的自我，並認為理想自我可以輕易實現。這種類型的人往往盲目樂觀，以自我為中心且自以為是，他們不但不易被周圍的環境和他人所接受和認可，更容易引起別人的反感和不滿。

那麼，針對自負心理的治療，我們提出了以下幾點意見和方法：

一、學會接受批評

自負者的致命弱點是不願意改變自己的態度或接受別人的觀點，接受批評即是針對這一個特點所提出的改善方法。它並不是讓自負者完全服從於他人，只是要求他們能夠接受別人的正確觀點，透過接受別人的批評，以改變過去固執己見、唯我獨尊的形象。

不要只是高興於別人對自己的讚美，而不接受他人對自己的大聲忠告和教誨，那是不利於自己的成長的。虛榮會被名利所累，追求事物的根本，才能使自己真實的生活於世界上。

二、與人平等相處

自負者視自己為上帝，無論在觀念上還是行動上都無理的要求別人服從自己。平等相處就是要求自負者以一個普通社會成員的身分與別人平等交往。

【故事說明】

森林中，一隻白狗在路上遇到一群貓。

走近貓群時，牠見貓咪們個個全神貫注，毫不關心牠的到來，於是牠停下腳步。

這時候，貓群裡站起一隻神色莊重的大貓，對著同伴們說：「弟兄們，祈禱吧！只

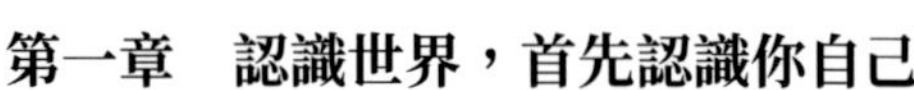

要你們再三的祈禱，上天無疑會降下老鼠。」

白狗聽到這裡不禁暗笑，牠一邊走開一邊喃喃自語道：「這群蠢笨的瞎貓！經文上寫著的，我和我的列祖們都知道的，明明是上天應了真誠的祈求會降下骨頭，而不是老鼠！」

世界上沒有標準答案，只有不同的立場和不同的角度。任何想把自己觀點強加於人的做法都將是錯誤的。

三、提高自我認識

要全面的認識自我，既要看到自己的優點和長處，又要看到自己的缺點和不足，千萬不可以一葉障目，緊緊抓住一點不放，未免失之於偏頗。想要「認識自我」不能孤立的去評價，應該放在社會中去考察，每個人生活在世上都有自己的獨到之處，都有他人所不及的地方，同時又有不如於他人的地方，與人比較不能總拿自己的長處去比別人的不足，把別人看得一無是處。

【故事說明】

有隻自高自大、不可一世的狐狸，總認為自己是森林中最厲害的動物。

有一天下午，牠獨自散步，走著走著，意外的發現了自己的身影很巨大。這個新發現讓牠很高興，牠更相信自己是森林中最了不起的動物了。

正在牠得意忘形之際，來了一隻獅子。看到獅子時牠一點都不怕，牠拿自己的影子和獅子相比較，結果發現自己的影子比獅子還大，於是牠決定不理睬獅子，自得其樂的繼續散步。

可想而知，獅子一躍而上，把正在得意忘形的狐狸吃掉了。

任何時候，都要清楚的認識自己，保持理智。自大無知只會給自己帶來傷害甚至毀滅。永遠要記住：越是膚淺的越是得意忘形且自命不凡；越是深厚的越是誠信篤行且保持低調。

四、以長遠的眼光看待自負

要以長遠的眼光看待自負，既要看到自己的過去，又要看到自己的現在和將來，輝煌的過去可能標誌著你過去是個英雄，但它並不代表著現在，更不預示著將來。

下面介紹兩種方法，可以幫助自負者更為全面的認識自己：

一、考察一下自己在人群中處於怎樣的位置？屬於怎樣的一類人？比如，參加活動時你會處在怎樣的位置？靠前排的顯眼處呢，還是後排不為人注意的角落呢？

在人際交往中你會選擇什麼樣的人做你的朋友？是志趣相投，還是性格互補？從中可以分析一下自己的個性特徵是怎樣的，並把結論記錄下來。

二、想想自己的過去、現在和未來，在紙上畫三個圓圈分別代表自己的過去、現在和未來。這些圓圈是否連貫？這些圓圈是否圓滿？心理學家認為，如果圓圈是連貫的，則表明你對自己的看法是完整的；而哪個圓圈最大，則代表你對那個圓圈所代表的時期傾注了自己的大部分感情。比如過去的那個圓圈最大，說明你對過去很懷念，渴望能回到過去的美好時光；若未來的那個圓圈最大，則暗示你對未來寄予了很深的期待，希望明天會更好。

「有別人比我優秀，我就內心極不舒服」
——妒忌心理調節

謹記：

妒忌心理是使人心情變壞、遠離快樂的毒藥，一旦沾染上則痛苦萬分，無法自拔。

忌妒別人，不會給自己增加任何的好處。忌妒別人，也不可能減少別人的任何成就。所

以要盡量消除妒忌的想法，盡量給予別人祝福。

【原音重現】

羅惠美，高二學生

「我是一個獨生女，家裡的經濟條件一般，我從小就愛出風頭，大概是因為長得很漂亮吧？而且人又聰明，所以很受老師的喜歡。可是同學們卻不太喜歡我，因為我經常在老師面前告同學的狀，所以一直以來，我基本上沒有什麼知心朋友。考上高中後，我跟室友們的關係一直很差，室友們都排斥我，沒有人願意跟我一起玩。在二年級競選班級幹部的時候，本來一年級是班長的我卻因為選票沒有幾張而落選了，而同宿舍的一個同學卻高票當選，我覺得很氣憤，我覺得自己沒有什麼比不上那個同學的。一氣之下，我把那個同學平時最喜歡穿的那幾件衣服偷偷的扔了。事情過後，我覺得很不好受，她雖然找不到衣服但也不知道怎麼一回事，可是我卻為此很長時間睡不好覺。」

「我覺得自己永遠都想在班裡面做最好的那個人，不管是學習還是工作。如果有別人比自己出色，我就會拚命的找出那個人的不足之處，並且在背後說那個人的壞話，有時候更是在公開場合上故意刁難這些同學，讓同學難堪，只有這樣，我才會覺得高興。」

【案例講評】

羅惠美同學的問題是因為妒忌心過重而導致心理失衡，並做出了傷害同學的行為，導致人際關係緊張。因為她從小就處在眾人的焦點之中，所以一直都自我感覺良好，她覺得自己就應該是最好的那一個。而當周圍出現競爭對手的時候，她就覺得受到了威脅，必須除去這些競爭對手，她才可以安心，所以，她的妒忌心讓她做出了故意讓同學難堪、在背後說同學壞話等傷害他人的行為。

而且，她的自我中心還讓她把自己的這種妒忌心投射到對方身上，所以她才會覺得同學們故意針對她、妒忌她。其實，這只是她的妒忌心理在作怪。

【心靈點燈】

在《三國演義》中，周瑜由於妒忌諸葛亮而被氣死的典故相信大家都耳熟能詳吧，古往今來，世上也有很多像周瑜一樣的人，只要一見到有人在某一方面比自己好，他就會想盡各種辦法干擾、挖苦，甚至還會去傷害他人，而不是努力的去向別人學習，努力超越他。心胸狹窄、妒忌他人的人是最愚蠢的。就像周瑜一樣，假如他不妒忌諸葛亮，假如他不心胸狹隘的話，也不至於那麼短命。可見「妒忌」心理不僅害人，也害己！做人要光明磊落。俗話說：「宰相肚裡能撐船」。心中要有一面鏡子，去觀察別人的長處並

檢查自己的短處，截長補短，才能使自己得到更好的發展。

那麼，該如何更好的消除妒忌心理呢？對此，美國著名的心理學家和教育家羅傑斯指出：

一、要有自知之明

在生活和學習中，當我們不知不覺的產生某些妒忌心理時，我們可以冷靜的分析一下妒忌的不良作用，同時正確的評價自己，從而找出一定的差距，即是人們所說的「自知之明」。

【故事說明】

傳說在春秋戰國時期，齊國的相國鄒忌長得十分魁偉好看。一天早晨，他穿上衣服，戴好帽子，對著鏡子仔細端詳了一番，然後問他的妻子說：「你看我與那住在城北的徐公哪一個好看呢？」

妻子回答說：「你好看得多，徐公哪能比得上你呢？」

城北的徐公，是齊國聞名遐邇的美男子。鄒忌不相信自己會比徐公更好看，所以，他又去問自己的小妾：「你看，我和城北的徐公相比，哪一個好看呢？」小妾回答說：

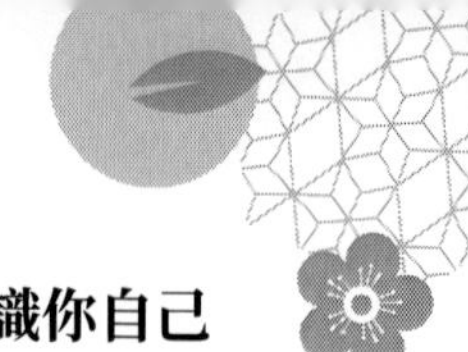

「徐公哪裡比得上你好看呢？」

一位客人來訪，鄒忌又問客人：「我和徐公相比，哪一個好看呢？」客人回答說：「徐公沒有你好看啊！」

有一次，城北的徐公到鄒忌的家裡來拜訪他，鄒忌把徐公的面貌、身材、儀態仔仔細細的觀察了一番後。再對著鏡子端詳自己，他深深感覺到，自己遠沒有徐公那麼好看。

鄒忌認真的思索了一番，終於明白了。他長嘆道：「我的妻子說我好看，是偏愛我；我的小妾說我好看，是害怕我；客人說我好看，是因為有事求我，並非自己真的比徐公好看啊！」

這個故事告訴我們，人應該正確的評價自己，要有自知之明，不要聽信自己身邊親近的人，或者有求於己的那些人的阿諛奉承之言。

二、要設身處地的為對方著想，誠懇的肯定對方

俗話說，與人方便，與己方便。與人相處，若想得到良好的關係，就應設身處地的為對方著想，以另一種欣賞的角度去品味別人的優秀。

【故事說明】

妻子正在廚房熱火朝天的炒菜。丈夫在她旁邊一直嘮叨不停：「慢些。小心！火太大了。趕快把魚翻過來。快鏟出來，油放太多了！把豆腐整平一點。哎喲，鍋子歪了！」

「快把你的嘴堵上吧！」妻子脫口而出，「我知道怎樣炒菜。」

「你當然懂，太太，」丈夫平靜的答道：「我只是要讓你知道一下，我在開車時，你在旁邊喋喋不休，我的感覺如何。」

看來，學會體諒他人並不困難，只要你願意認真的站在對方的角度和立場看問題。設身處地的替別人想一想，多肯定對方，那世界上就沒有想不開的事情。

三、腳踏實地，做好自己力所能及的事

不管別人說什麼，我們都應把頭仰起來走路！做好自己力所能及的事，盡自己的最大能力，腳踏實地，一步一個腳印。不去學那種好高騖遠，死要面子，活受罪的人。不如扎扎實實學會一項生活的技能，一個人有了技能走到哪裡都可以立足。

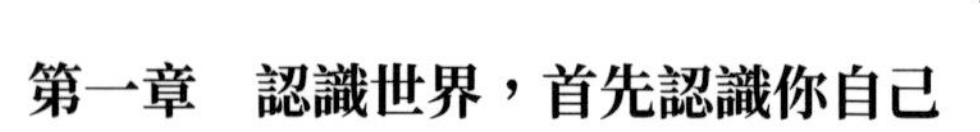

【故事說明】

一位隱者隱居於山林中。人們都千裡迢迢來跟他學智慧之道。

當人們到達深山的時候，發現隱者正從山谷裡挑水。他挑得不多，兩隻木桶裡水都沒有灌滿。

人們不解的問：「大師，這是什麼道理？」

隱者回答：「挑水之道並不在於挑多，而在丁挑得夠用。一味貪多，適得其反。」

眾人越發迷惑。

隱者笑道：「你們看這個桶。」

人們看到桶的內面被畫了一條線。隱者說：「這條線是底線，水絕對不能超過這條線，否則就超過了自己的能力和需要。開始還需要畫一條線，挑的次數多了以後就不用看那條線了，憑感覺就知道是多是少。這條線可以提醒我們，凡事要盡力而為，也要量力而行。」

眾人又問：「那麼底線應該定多低呢？」

隱者說：「一般來說，越低越好，因為低的目標容易實現，人的勇氣不容易受到挫傷，相反會培養起更大的興趣和熱情。長此以往，循序漸進，自然會挑得更多、挑得更穩。」

這個故事說明，在制定和規劃自己目標時一定要「取法乎上」，但一定不要太脫離自己的實際情況。挑水如同修身做人，循序漸進，逐步實現目標，才能避免許多無謂的挫敗。

「究竟外在美重要還是內在美重要？」——自我形象敏感調節

謹記：自我接納是一個人健康成長的前提。一個人如果連自己的問題都不敢正視，對自己有那麼多的不滿與失望，甚至是否定和拒絕，那他怎麼能引導自己成長？所以，我們應該坦然面對自己的人生，停止苛刻的要求自己，不去無端的憂慮和自責，做到自我接納，接納全部的自己。

【原音重現】

成筱芝，高三學生

「我從小就是一個胖女孩，但是小的時候大家都說很可愛，所以我一直沒有把體型問題當作自己的一個困擾。」

「可是，去年我喜歡上了班上的一個男生，可惜這名男生不喜歡我。後來我從另外一位同學口中得知，這名男生喜歡苗條的女生……」

「我聽了非常受傷，於是我問了十幾個和自己要好的朋友，我問他們我是不是太胖了，得到的回答都是覺得『稍微』胖了一點。」

「於是我就下定決心節食減肥。」

「我剛開始時強迫自己減少食量，每天的食量只相當於以前的三分之一。」

「經過一段時間，我減肥的效果還是有的，不過身體狀況就大不如以前，首先是上課的時候難以集中精神，尤其是接近中午的時候，總有一種想暈倒的感覺；月經週期紊亂，臉色很蒼白。」

「尤其是在我減肥最艱苦的時候，曾經想過不要折磨自己了，有內在美也是一樣吸引人的，可是卻發現現在只要一看見有肉類的菜就感覺想嘔吐。」

【案例講評】

成筱芝的這些症狀明顯是由於過度限制飲食而引起的，當身體不能得到正常的能量供應時，剛開始時僅僅是精力和體力的不足，再發展下去就出現了內分泌的紊亂和自主

神經系統的失調了。

其實，體型、體態在很大的程度上是天生的，個人無法選擇。處於青春發育階段的大學生，開始注意到自己的容貌。即使在理智上知道內在美比外在美更重要，人們仍然會因為自己的長相、體型不出眾而不滿、苦惱。而成筱芝的這個苦惱就因為她的「情竇初開」而得到了強化。本來並沒有太過注意自己的體型問題，現在卻變成了自己關注的焦點。

【心靈點燈】

自我形象敏感的問題常是影響學生正常的生活與學習的問題之一，那麼，對於正在被這一個問題所困擾的大學生來說應該怎樣正確的處理與應對呢?下面是我們給出的一些建議：

一、正確認識自己的外表和身體狀況

每個學生都很關心自己的身體變化和容貌，擔心自己發育不正常，擔心自己長得不好看。這是人之常情，可以理解，正所謂「愛美之心，人皆有之。」但是對自己的身體狀況和外貌一定要有一個合理的態度，應該根據合理的標準客觀的評估自己的形象。

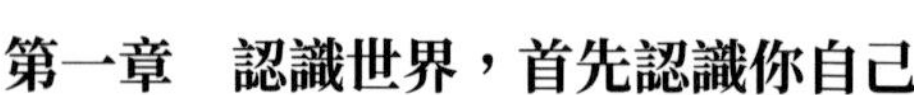

千萬不要盲目的跟著潮流走，跟著自己的感覺走。現在傳媒的力量越來越大，學生們接收到的資訊也空前繁多。對於一些社會上的審美標準，應該用一種辯證和批判的眼光去看，這樣才不至於陷入盲目追求自我形象的境地。

【故事說明】

有一個非常漂亮的皇家花園，國王每天都要到這裡散步。有一天，當他照例到花園中賞花的時候，不禁大驚失色。往日百花爭豔的燦爛景色消失了，滿眼全是蕭條、枯萎與荒涼。在這充滿死亡氣息的地方，國王的眼睛忽然一亮，他看到最纖細最柔軟的心安草仍然生機勃勃的。

國王不禁問道：「小小的心安草，為什麼別的植物都枯萎了呢？」

心安草回答說：「親愛的國王，橡樹因為比不過松樹的高大挺拔而死，松樹因為比不過葡萄的能結果子而死，葡萄因為不能像橡樹那樣直立並開出美麗的花朵而死，牽牛花因為比不過紫丁香的芬芳而奄奄一息，紫丁香因為比不過牽牛花的花朵更大而落淚。」

國王說：「既然是這樣，為什麼你還是如此的生機盎然呢？」

心安草答道：「因為我不想和其他的植物相比，我只是想做一棵貌不驚人的小草，

所以我保持了盎然的生機。」

在自然界中，最普通最平凡的植物莫過於草了。它是那麼的普通，普通得隨處可見，它是那麼的平凡，平凡得貌不驚人。然而，就是在這普通和平凡之中，卻孕育了無窮的生機。

在人生的大花園裡，也許你是一顆不起眼的小草，你弱小，平凡，沒有像花那樣的美麗，沒有大樹那樣的偉岸，但你不要因此感到自卑，對人生充滿悲觀與失望。別人是別人，你是你自己，別人的高大、美麗是因為幸運也好，是因為努力也好，我們都不必羨慕，更不應該嫉妒，你自有你的長處和優點，做你真實的自己，比什麼都重要。

二、安心的接受自我形象

也許你貌不出眾，也許你語不驚人；也許你沒有非凡的才華，也許你沒有輝煌的過去；也許你還有先天的缺陷，後天的不足，並為此而悲傷，甚至自卑、自棄。不，朋友，請不要這樣，請接受自己、珍惜自己。

有位哲學家曾說過：「你要欣然的接受自己的長相。如果你是駱駝，那麼就不要去唱鷹之歌，駱鈴聲同樣充滿魅力。」是啊，接受你的長相，其實你也有迷人之處。不切實際的幻想會影響你的心理健康。

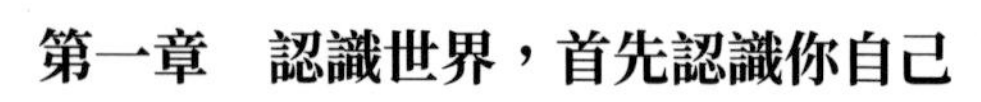

【故事說明】

在遙遠的古代，某國的御膳房裡有兩個罐子，一個是陶的，另一個是鐵的。

驕傲的鐵罐看不起陶罐，常常數落它：「你敢碰我嗎？陶罐子！」鐵罐子傲慢的問。

「不敢，鐵罐兄弟。」謙虛的陶罐回答說。

「我就知道你不敢，懦弱的東西。」鐵罐擺出一副輕蔑的樣子。

「我確實不敢碰你，但是這不叫懦弱。」陶罐不亢不卑的說，「我們生來的任務是盛東西，並不是用來相互碰撞的。在我們的本職任務方面，我不見得就比不上你，再說……」

「住嘴！」鐵罐憤怒的喝斥道，「你怎敢和我相提並論，你就等著吧！要不了幾天，你就會摔成碎片，完蛋了！我卻永遠在這裡，什麼也不怕。」

「何必這樣呢？」陶罐說，「我們還是和睦相處比較好，吵什麼呢？」

「和你在一起我感到羞恥，你算什麼東西！」鐵罐說，「我們走著瞧吧，總有一天，你要變成碎片的！」陶罐不再理會它。

時光飛逝，世界上發生了許多事情。王朝覆滅了，宮殿倒塌了，兩隻罐子被遺落在廢墟裡，歷史在它們的身上積滿了塵土。

一天，人們來到這裡，掘開厚厚的積土和廢墟，發現了那個陶罐。

「這裡頭有個罐子！」一個人驚訝的說。

「真的，一個陶罐！」其他的人也跟著高興得叫起來。

大家把陶罐捧起，把它身上的泥土刷掉並擦乾淨，和當年在御膳房的時候一樣樸素、美觀，烏黑發亮。

「多美的陶罐啊！」一個人說，「小心點，千萬別把它弄破了，這是古代的東西，很有價值的。」

「謝謝你們。」陶罐興奮的說，「我的兄弟鐵罐就在我身邊，請你們把它挖出來吧，它一定悶得很難受了。」

人們立即動手，翻來覆去，把泥土都挖遍了，但是卻一點鐵罐的身影也沒有。人們只發現幾塊鏽蝕不堪的鐵片，而且還不能斷定那就是鐵罐的剩餘部分。它，早已不知道在什麼年代被氧化了。

在生活中，經常存在著互相比較、彼此妒忌的現象，這種現象是由於人們的心理在作怪而產生的。其實，每個人都有每個人的價值，適當的比較可以讓人找到自身的不足，但什麼都要比較的話，人就失去了生活的樂趣。

三、正確看待他人評價

每個人的外貌不可避免的都會受到其他人的評價，但無論別人的評價如何，都應該保持一種平和的心態。因為他人對自己的評價僅是他人的觀點，不可能很全面，更何況每個人的審美標準都是不一樣的。因此，他人的意見僅僅是一個參考而已，每個人都應該根據自己的性格、氣質和現有的身體、經濟條件來形成符合自己的自我形象。只有這樣做，才不會為人言所左右，才能欣然接納自我。

【故事說明】

一個滿懷失望的年輕人千里迢迢的來到法門寺，對住持釋圓說：「我一心一意要學丹青，但是至今仍沒有找到一個能令我滿意的老師。」

釋圓笑笑的問：「你走南闖北十多年，真的沒能找到一個自己的老師嗎？」年輕人深深嘆了口氣說：「許多人都是徒有虛名啊，我見過他們的畫，有的畫技甚至還不如我呢！」

釋圓聽了，淡淡一笑的說：「老僧雖然不懂丹青，但也頗愛收集一些名家精品。既然施主的畫技不比那些名家遜色，就煩請施主為老僧留下一幅墨寶吧。」說著，便吩咐一個小和尚拿了筆墨硯和一疊宣紙。，

釋圓說：「老僧的最大嗜好，就是愛品茗飲茶，尤其喜愛那些造型流暢的古樸茶具。施主可否為我畫一個茶杯和一個茶壺？」

年輕人聽了，說：「這還不容易？」於是調了一硯濃墨，鋪開宣紙，寥寥數筆，就畫出一個傾斜的水壺和一個造型典雅的茶杯。那水壺的壺嘴正徐徐吐出茶水來，注入到了那茶杯中去。

年輕人問釋圓：「這幅畫您滿意嗎？」

釋圓微微一笑，搖了搖頭。

釋圓說：「你畫得確實不錯，只是把茶壺和茶杯放錯位置了。應該是茶杯在上，茶壺在下呀。」

年輕人聽了，笑道：「大師為何如此糊塗，哪有茶壺往茶杯裡注水時，茶杯在上茶壺在下的？」

釋圓聽了，又微微一笑說：「原來你懂得這個道理啊！你渴望自己的杯子裡能注入那些丹青高手的香茗，但你總把自己的杯子放得比那些茶壺還要高，香茗怎麼能注入你的杯子裡呢？澗谷因為把自己放低，才能吸納別人的智慧和經驗。」

海納百川，有容乃大。江海之所以能為百谷之王，是因為身處低下，方能成為百谷之王。想要擁有百川的事業和輝煌，首先應擁有容得下百川的心胸和氣量。

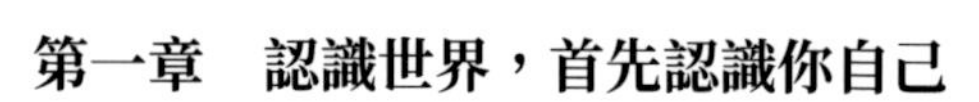

四、提升接納自我形象不足的能力

很多女孩常常因為自己的形象不佳而感到自卑，其實自卑並不可怕，關鍵在於如何認識它。因為一個人的外表除了容貌之外，還包括了體格、氣質、運動能力等方面，每個人在不同的方面都有優勢和不足，所以不必為了自己有某些缺陷而過分苦惱，而要努力提升接納自我形象不足的能力。

【故事說明】

海蒂·麥克丹尼爾是奧斯卡歷史上第一位獲獎的黑人演員，在此之前雖然黑人演員眾多，但甚至連被提名的都沒有。而其貌不揚的海蒂能夠獲此榮譽，不可不說是由於她的演技超群所致。

海蒂早年就開始在舞台上演出，她同時還是一個聲樂隊的歌手，也是第一個歌曲在電台上播出的非洲裔美國女歌手。她後來轉入電影圈發展，起初並不順利，只能出演一些只有三句台詞的傭人或者保姆的角色。

當時的著名導演喬治·史蒂文斯看出了她的表演潛力，並大力提攜她。於是她得以在明星凱瑟琳·赫本主演的影片《愛麗絲·亞當斯》中飾演一位直言不諱的廚師，這個角色廣受歡迎，並讓她成為當時著名的黑人影星之一。在這之後，海蒂的保姆或傭人的

形象不斷得到肯定，終於在一九三九年，她在經典巨作《亂世佳人》中出演奶媽瑪格麗特，以其獨有的幽默感和完美無缺的演技在這部巨星雲集的影片中大放異彩，憑著和女主角費雯麗的默契配合雙雙獲得了奧斯卡獎。

海蒂在此後的一生中幾乎都是以同樣的黑人保姆角色出現的，但是她很重視幫助自己的種族提升形象這件事，她曾經說過：「我寧願扮演一位女僕，也不願成為一位女僕。」

西元一九五二年，她因病去世。直到現在，她獨特的螢幕形象和藝術魅力仍然無人可以模仿，她將會永遠留在人們的心中。她曾表示希望死後能葬在好萊塢，但是因為當時仍然甚囂塵上的種族主義歧視而被拒絕，最終，她被安葬在洛杉磯著名的玫瑰崗墓園。她是葬在這個公墓的第一位非洲裔美國人。在她死後的第四十七年，也就是一九九九年，好萊塢名人紀念堂裡為海蒂豎起了一塊粉紅和灰色相間的花崗岩紀念碑，永遠的紀念這位樂觀、開朗、堅韌、勇敢的黑人女藝術家。

對於每個人來講，不完美是客觀存在的，怨天尤人無濟於事。在羨慕別人的同時，不妨想想，怎麼樣才能走出誤解：或用善良美化，或用知識充實，或用自己的一技之長發展自己生命的可貴之處。而要做到這一切，在於看到自己的不足之處之後能夠坦然面對。

附：趣味心理測試

你瞭解自己嗎？從下面的心理小測試開始吧！在感到有趣的同時，相信你還是會受到一些啟發的。

你喜歡戴什麼樣的面具？你的班級裡要舉行一個化妝舞會，為了防止被別人認出來，每人都必須戴上一個面具，下面有四個面具可以供你選擇，你想選擇哪一個呢？

A、開心的臉

B、生氣的臉

C、哭泣的臉

D、搞怪的臉

答案：

選擇A：你是一個很有主見的人，這樣的性格使你不喜歡插手別人的事，也不喜歡別人干預你的事。這樣的行事方式雖然有好的一面，但也容易給人高傲的感覺，不容易使人感到親近。

選擇B：你是一個不願與人分享祕密，但喜歡打聽別人祕密的人。這可能很容易招人討厭。如果你真的想要贏得友誼的話，還是對別人的祕密保持必要的尊重吧。

選擇Ｃ：你很容易向人袒露祕密。有的人會覺得你很坦率，但有的人可能會覺得和你做朋友太「麻煩」。一個沒有祕密的人會給人很輕飄的感覺，也許你和選擇Ａ的人綜合一下就好了。

選擇Ｄ：你很聰明，能讓很多人願意向你傾訴祕密，你也樂意為他們出謀劃策。真正與你相交很久的人就能感受到，其實你恰恰是那種最能擔負朋友重托的人。

第二章　接納自己，轉過身來看積極面

心靈的陰影包括了許多層面：膽怯、貪婪、惱怒、自私、懶惰、醜陋、輕浮、脆弱、報復心、控制欲等等，但請發自內心的相信，陰暗面也是生命的一部分，只有真心的擁抱它，我們才能活出完整的生命。

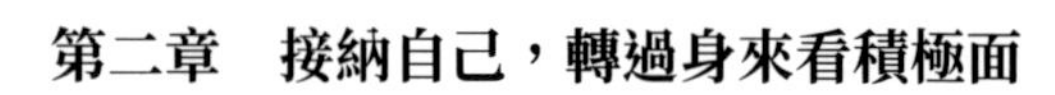

「夜深人靜時，我只能看著別人進入夢鄉」

——神經衰弱調節

謹記：很多時候，我們習慣於把自己的感情寄託在某件事物上，於是往往會受到這些事物的影響。把自己的快樂與否寄託於外物本來就已經是一種悲哀，由於這種寄託而被別人所奴役，則更是一種愚不可及的做法。

【原音重現】

張婭芳，高二學生

「我看電影、電視或看小說時，非常容易受到感動。我過去不是這樣的，不知道為什麼現在變得這麼脆弱了。」

「自己的腦中也常在「播電影」。尤其是睡覺以前本應該靜心，或者本來在睡覺前還有一點困意，但躺在床上後卻感到十分有精神了，我用了各種辦法，比如數數字、想像自己很輕鬆等強迫自己入眠。結果卻是到了夜深人靜，別人都進入了夢鄉，自己卻越來越清醒。」

「在街上或公車上遇見不講理的人我就忍不住跟人家吵架，而也大部分的時候還比當事者更加氣憤，久久不能平靜。」

「一和朋友談及我感興趣的事情，我就特別興奮。談上幾個小時都不覺得累。」

「我有時就感到頭痛、頭脹或頸椎痛，而且頸椎痛起來時，不是像針刺一樣痛就是感覺到一種鈍痛。」

「我現在經常感到頭昏腦脹頸椎酸麻，也非常容易生氣和發怒，一點小事就急得如熱鍋上的螞蟻，按捺不住。看見什麼都覺得不順眼，或者有時候會冒出一些幸災樂禍的思想，有時候也很容易就高興起來，比如，生氣的時候碰到好消息，馬上就大喜過望、熱淚盈眶，不能自制。我都不知道自己怎麼了，真是煩啊！」

【案例講評】

張婭芳明顯是患了神經衰弱症。神經衰弱是一種早期難以發現、容易拖延病情的精神官能症，它產生的原因主要有精神和先天性格兩種因素。

有權威的研究資料顯示：神經衰弱的患者在患有神經衰弱之前，往往長期處於超負荷的體力或腦力工作的環境中，或者經歷了諸如失戀、學業失敗、上司下屬及同學間關係緊張、意外打擊、大考落榜等很多生活中失意的事，進而引起情緒的波動和紊亂。

但是，有些人常年熬夜學習、工作，大腦長期處於緊張狀態，也沒有發生過神經衰弱。這到底是什麼原因呢？

因為除了外在的精神因素外，患者本身的性格特點也是神經衰弱產生的內在原因。從性格特點上看，神經衰弱的患者偏向於膽怯、自信不足、敏感、依賴性強；也有的患者任性、好勝、難以自制。

這種性格的人，當長期處於精神刺激或者不利的處境時，相對於擁有健康性格的人，很容易引起神經功能失調，出現神經衰弱。

有神經衰弱的人，主要是注意力不集中。表現在兩個方面上，一個是當事人容易因為外在環境的偶然刺激或變動而被動的轉移了注意；另外一個方面是思考不能專注於某一個主題，聯想和回憶不斷的把思想引向歧途，甚至離題萬丈。對於後一種情況，患者往往把它形容為腦子很亂。

所以，患者經常感到精力不足、萎靡不振、不能用腦，或反應遲鈍、不能集中注意力、記憶力減退、工作效率降低。

也因此，對於神經衰弱的預防，應牢記「勞逸結合」。

【心靈點燈】

「神經衰弱」這個名稱是美國著名心理學家喬治・米勒・比爾德首先提出來的，他認為神經衰弱是與神經系統器質性疾病不同的一種功能性疾病，患者大都具有神經質傾向。目前認為神經衰弱是指由於某些長期存在的精神因素引起腦功能活動過度緊張，從而產生了精神活動能力的減弱。其主要臨床特點是易於興奮又易於疲勞。常伴有各種身體不適感和睡眠障礙，不少患者病前具有某種易感因素或不良個性。在學生當中，有些人由於學習壓力大，起居不正常，也可能出現神經衰弱症狀。這就需要改善睡眠、注意調養。

那麼，神經衰弱應該如何調節呢？

神經衰弱者往往過分關注、擔心自己的症狀，這種不恰當的態度和情緒往往使病情進一步惡化，所以，我們應該積極、平靜的面對自己的症狀，不強迫自己要立即消除和擺脫它，平和的帶著它生活，在此基礎上重新界定適合自己的恰當的目標，並適當的安排時間，適度的用腦。相信這種失調會逐步被調整過來的。

另外，應該改變對睡眠的過分關注。當我們睡不著的時候，不必刻意的強迫自己睡，應順其自然，利用那段沒有人打擾的時間做一點對自己有益的事情，該睡的時候自然就會睡著。

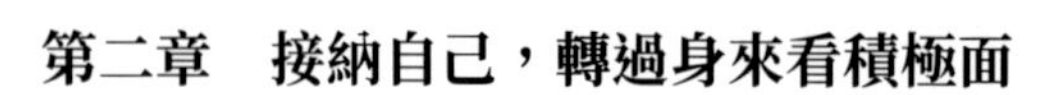

一、運用自我催眠法

運用這個方法時應選擇較為安靜的環境，在午間和晚上臨睡前進行。在眼前二十公分處掛一個直徑二公分的小球，使小球稍微低於視平線。眼睛盯著小球，不要輕易眨動，用輕聲緩慢的默念語言幫助自己放鬆和入眠（也可以將放鬆指導語和催眠誘導語錄製好，需要催眠時播放錄音就可以了）。

放鬆指導語：

「現在我舒適、安靜的躺著，我感到額部放鬆了，頭頂放鬆了，後腦勺放鬆了，臉部放鬆了，耳部放鬆了，下巴放鬆了，頸部放鬆了，雙肩放鬆了，雙臂也放鬆了，雙肘也放鬆了，雙手也放鬆了，一股溫暖的感覺在手心流動——現在，這種溫暖、鬆弛的感覺從手心傳到了前臂、上臂、肩部，肩膀更加的放鬆了——溫暖的感覺來到了胸部，胸部也放鬆了、無力了，呼吸越來越平穩——鬆弛、無力的感覺傳到了腹部，腹部也放鬆了，現在大腿根部也放鬆了，鬆軟的感覺傳到了膝蓋，傳到了小腿，傳到了雙腳，雙腳放鬆了、無力了。腳心有一股暖流在流動——放鬆、無力感又回到了雙腿，雙腿很沉，我已經不想挪動它們。我的整個身體都放鬆了、無力了。」

當感覺到全身已放鬆時就可以進行催眠誘導了，可用以下的誘導語：

「我的全身放鬆了、困乏了，我已經很不想動了——我的眼部感到了困乏，眼睛很

澀，眼瞼很沉重——倦意已經占據了我的大腦，大腦變得模糊了——我的全身都充滿了倦意，手、腳已無力動了，我很想睡了——我的眼睛已經睜不開了，我真想閉上眼睛睡一覺——我閉上眼睡吧，閉上吧，我很快就要睡著了——濃濃的睡意籠罩了我，我要睡了——我會很深、很熟的睡一覺的。」

這樣的催眠誘導語可以重複使用、直到睡著為止。

二、每個人都是獨立的，要坦然接受自己

一些神經衰弱者的疾病起源於自己不能接受自己的憂鬱特質，強迫自己做使自己難受的事，結果使自己陷入緊張和煩惱之中，不能自拔。如果你是這一類人，停止與自己過不去的行為吧。你的敏感與超人的洞察力會使你在某些方面高人一籌，如藝術、表演、寫作、發明創造等等。只要你利用自己的優勢，你完全可以在這些方面獨領風騷，在事業上獲得成功並生活得很有尊嚴。

每個人都有自己的活法，並不是整天成為別人的注意中心的人才能快樂。找到自己信任的人傾吐一下，會使自己舒服許多，如果沒有知心朋友不妨靠寫日記來使自己平靜。此外，學會禮貌的表示自己的不滿也很重要。

總之，坦然的接受自己的憂鬱特質會使自己身心健康，更好的享受人生的樂趣。

【故事說明】

父子倆一前一後的趕著驢進城，半路上有人笑他們：真笨，有驢子居然不騎！

父親便叫兒子騎上驢，走了不久，又有人說：真是不孝的兒子，竟然讓自己的父親走路！

父親趕快叫兒子下來，自己騎到驢背上，又有人說：真是狠心的父親，不怕把孩子累死！

父親連忙叫兒子也騎上驢背。誰知又有人說：兩個人都騎在驢背上，不怕把那瘦驢給壓死？

父子倆又趕快爬下驢背，把驢子四隻腳綁起來，用棍子扛著。結果在經過一座橋時，驢子因為不舒服，掙扎了起來，掉到河裡淹死了！

活出你自己，別老被別人的評說和價值觀左右，別人的話只是建議，沒有人能替你負你生命的責任。

三、正確認識自己，樹立恰當目標

神經衰弱者往往有過於完美的理想自我，他們對自己的要求很高，總是希望自己是人群中受人注目的強者。為此，他們處處設戰場，事事爭強好勝，也就避免不了無盡的

煩惱和緊張。所以，要想根治神經衰弱，應該從正確認識自己，為自己樹立一個恰當的目標開始。

【故事說明】

有一隻城市老鼠和一隻鄉下老鼠，牠們是好朋友。有一天，鄉下老鼠寫了一封信給城市老鼠，信上這麼寫著：「城市老鼠兄，有空請到我家來玩。在這裡，可以享受鄉間的美景和新鮮的空氣。過著悠閒的生活，不知意下如何？」

城市老鼠看到信後，高興得不得了，立刻動身前往鄉下。到了那裡後，鄉下老鼠拿出很多大麥和小麥，放在城市老鼠面前。城市老鼠不屑的說：「你怎麼能夠老是過這種清貧的生活呢？住在這裡，除了不缺食物，什麼也沒有，多麼乏味呀！還是你到我來家玩吧，我會好好招待你的。」於是，鄉下老鼠就跟著城市老鼠進城了。鄉下老鼠看到那麼豪華、乾淨的房子後，非常羨慕。想到自己在鄉下從早到晚，都在農田上奔跑，以大麥和小麥為食物，冬天還得在寒冷的雪地上搜集糧食，夏天更是累得滿身大汗。和城市老鼠比起來，自己實在太不幸了。

聊了一會兒，他們就爬到餐桌上開始享受美味的食物。突然，「砰」的一聲，門開了，有人走了進來。他們嚇了一跳，飛也似的躲進牆角的洞裡。

鄉下老鼠嚇得忘了飢餓，餘悸猶存的想了一會兒後，對城市老鼠說：「鄉下平靜的生活，還是比較適合我。這裡雖然有豪華的房子和美味的食物，但每天都緊張兮兮的，我倒不如回鄉下吃麥子來得快活。」說完，鄉下老鼠就離開都市回鄉下去了。

鄉下老鼠是明智的。不同個性、習慣最終會使彼此回歸到自己所熟悉的架構裡。因此我們在構築自己的目標的時候，也要充分考慮自己的個性、習慣。不將自己的優勢和個性考慮進去的目標往往並不是適合自己的目標。

四、自己去尋找樂趣

能使我快樂的事未必能使你快樂，你首先應該瞭解什麼能使你快樂？你可以回憶生活中讓你開心的事和場面，也可以試著參與一些從未參加過的活動，你還可以在做事當中挖掘樂趣。並不是這個世界缺少歡樂，而是你不曾追求它。打開你的心扉，解放自己，慢慢的你就會發現樂趣所在。

【故事說明】

有一個富人和一個窮人。富人有十萬元，而窮人僅有一千元。

窮人和富人都購買了五元一張的獎券，且都得到一千元的獎勵。不同的是：窮人高

興得幾乎跳了起來，因為他認為自己的財產又增加了一倍；而富人卻很苦惱，因為他正抱怨著沒抽到自己想要的豪華轎車。

難道富人抽到了奧迪轎車他就會高興了嗎？幸福的關鍵是在於有一顆能感受幸福的心。企圖用物質的快樂來滿足精神的快樂是根本不可能的。

「我做什麼都沒意思，沒興趣」

——憂鬱症調節

謹記：一時的痛苦只是過眼雲煙，長久的快樂才是成熟心態應得到的回報。不要迷失方向，不要為情緒所困，不要妄自菲薄，不要貪得無厭，好好把握自己手裡的幸福，每一分鐘都會成為你自己的寶藏。

【原音重現】

李政哲，高三學生

「我上高中以前身心狀況一直很良好，性格開朗，上進心、學習欲望都很強，和同學

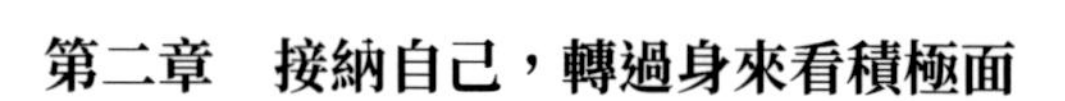

的關係也不錯，成績更是一直名列前茅。可是進入大學後，由於和班長經常發生爭執，而且她是班主任的外甥女，所以我就認為班主任對待我的態度和方式都相當不公平，因此漸漸就不願接觸同學，也不願意活動了。」

「原來的我有許多愛好，對各種事情都充滿興趣和求知欲，生活過得有聲有色的。但現在的我一點也體會不到生活的樂趣，過去感興趣的事物，喜歡參加的活動，我現在一點兒也提不起興趣來。」

「我現在覺得自己什麼前途也沒有，生活過得也沒意思，覺得自己整個就是一個廢物。我總是感到悲哀、無助、絕望、孤單……早晨往往早醒，醒來後覺得幾乎沒有力量從床上起來，也只有到了晚上，心情會相對好一些。」

「我什麼也不想做，不管是學習還是別的什麼，即使勉強做點什麼也感到力不從心。我有時候也想到必須振作精神，可是怎麼也振作不起來，我感覺到我的大腦已經失靈了。我現在的記性特別差，什麼也記不住，連思考都不會思考，腦子裡空空洞洞的。有時拿著書也不知道自己在做什麼，腦子裡一片空白。」

「我以前不是這樣啊，現在到底是怎麼了？」

【案例講評】

案例中的李政哲同學明顯是受到了憂鬱症的困擾。憂鬱症是以憂鬱性情感為突出症狀的一種精神官能症，它是一種持久的心境低落狀態，並伴有尖銳持久的心理衝突、身體不適和睡眠障礙，但有自知力，有治療要求，無明顯的運動性抑制、幻覺、妄想、思維及行為紊亂等精神病性特徵。

對此，美國著名心理學家卡爾・羅傑斯根據多年研究和觀察指出，大約有百分之十二的人在他們的一生中的某個時期都曾經歷過相當嚴重且需要治療的憂鬱症，儘管他們的大部分憂鬱症發作不經治療也能在三到六個月期間結束，但這並不意味著當人們感到憂鬱時可以不用管它。

憂鬱症的典型症狀是心情低落、愁眉不展、鬱鬱寡歡；興趣減退甚至喪失，常躲避遇到的同學，與人交往時表現出厭煩、冷漠，對異性、體育、娛樂、旅遊等已有的愛好和娛樂無動於衷，變得失去興趣，覺得「一切都沒意思」；對前途悲觀失望，認為未來的前景暗淡，事情已經到了無可挽回和無法收拾的地步，甚至感到絕望；充滿無助感，感到自己對處境毫無辦法，對自己的不幸和苦痛也無能為力，而別人對自己更是愛莫能助；感到精神疲憊，似乎精力已經耗盡，想振作也振作不起來，上課聽不進去，懶於梳理打扮；自我評價下降，有強烈的自卑感，自我貶低、自我譴責，認為自己的任何方面

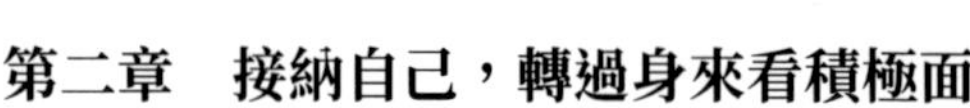

都不如別人，自己什麼都不好，對不起父母、同學和老師；感到生活或生命本身沒有意義，悲觀厭世，甚至以死來尋找解脫，自殺的意圖明顯。要注意的是並非所有的憂鬱都是精神官能症性的，不包含心理衝突的憂鬱不是憂鬱症。

【心靈點燈】

對於憂鬱症，透過一些心理和藥物的綜合治療是非常有效果的。下面提供幾點心理學家開出的「藥方」：

一、學會自己鼓勵自己

要認識到目前所感受到的並非是事物的本貌、本色，而是一些「戴上灰色眼鏡」後所看到的色彩，所以沒有理由對自己的自尊自信產生動搖，要堅定戰勝憂鬱症的信心。

【故事說明】

禪師大慧門下有一個弟子道謙。道謙參禪多年，仍不能開悟。一天晚上，道謙誠懇的向師兄宗元訴說自己不能悟道的苦惱，並求宗元幫忙。

宗元說：「我很高興能夠幫助你，不過有三件事我無能為力，你必須自己做！」

道謙連忙問是哪三件事？

宗元說：「當你肚子餓時，我不能幫你吃飯，你必須自己吃；當你想大小便時，你必須自己解決，我一點也幫不上忙；最後，除了你之外，誰也不能撐起你的身子在路上走。」

道謙聽後，頓時領悟了，他感到了自我的力量。

你是你自己的引擎，你讓你自己變得非常有力量，和別人不一樣。成功靠自己，自己的事必須自己做。從現在開始，立即行動，相信自己，成功由你自己決定。

二、降低要求，放下包袱輕裝前行

憂鬱症與個人高度的成就動機有關。由於個體對成功有過高的期望，而且在對成功的追求過程中精力充沛，所以當無法逃避失敗時，就會感到絕望、破滅，繼而產生憂鬱。因此，應該適當的給自己「減壓」，這有助於重獲自信；積極參加戶外活動，因為醫學證明，日光照射對治療憂鬱症有奇效；多多在日常生活中發掘自己的優點也是一些行之有效的辦法。

【故事說明】

利奧・羅斯頓是美國最胖的好萊塢影星，他腰圍一百八十九公分，體重一百七十五公斤。

一九三六年他在英國演出時，因心臟衰竭被送進湯普森急救中心。搶救人員用了最好的藥，動用了最先進的設備，仍沒挽回他的生命。

臨終前，羅斯頓曾絕望的喃喃自語：「你的身軀很龐大，但你的生命需要的僅僅是一顆心臟！」

對健康的生命而言，任何多餘的東西都是負擔，即使學習，也要有個好的身體為前提，作為一個學生，先有好身體，再去爭取好成績，才是應有的態度。

三、不要太過於約束自己，應樂觀面對生活

生活中誰都難免會遇到挫折。可怕的不是挫折本身，而是缺乏對挫折的積極的、坦然的態度。有多少偉人在苦難中成就了其一世英名而沒被它擊倒。憂鬱症患者錯就錯在以消極的態度面對挫折，碰到不順心的事就以為一切完了，看不到事物是變化和發展的，陷在灰色的情緒中不能自拔。

其實，風雨過後太陽又會出來，沒有過不去的坎，也沒有解不開的結，一切苦難都

是暫時的，都將會隨風而去。所以讓我們以坦然、積極的心態面對生活中的不幸，相信不久的將來我們一定會擺脫現在的狀況。

【故事說明】

有兩個人，都住在山上。

那座山挺荒涼，光禿禿的。

第一個人挺悲觀的，常常一邊嘆氣，一邊在山腳下為自己修著墳墓。

第二個人挺樂觀的，成天樂呵呵的，在山坡上種了好多綠色的果樹苗。

歲月悠悠，一轉眼就過了四十年。

第一個人果然老了，一天他淚汪汪的打開墳墓的門，走了進去後，再也沒有出來。

第二個人卻精神抖擻，在碧綠的樹下採摘著金色的豐收果實。

又過了許多年，第一個人的墳墓前長滿了野草，野狼出沒。

那座花果山前卻花長開、樹長青，滿山閃耀著生命的輝煌。

原來，悲觀與樂觀都是種子，都能長出果子。只不過，前者所結的果叫無奈。後者結的果叫甘甜。

其實，樂觀與悲觀一方面跟人的性格、境遇有關；另一方面也與自己的興趣愛好、

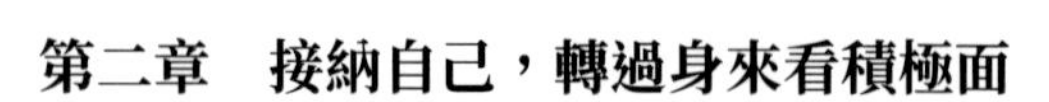

心態有關。一個人應該多培養一些愛好，應該經常做一些自己喜歡的事，不要過分的約束自己，人的一生就那麼幾十年，追求是永無止境的，要學著在追求中享受過程才是最重要的。

四、客觀而全面的評價自己

憂鬱症患者有一個明顯的特點，就是喜歡把一切不好事情的責任都攬在自己身上。事實上，這實在是太誇大自己的影響力了。一個人所能左右的事情是有限的，我們無法對所有的事情負責。

家裡生活貧困的真正原因絕不是因為你上學讀書所花的錢太多（與別人相比，你實在是太節省了），而是因為你父母的知識程度、性格等導致其缺乏生財之路，或者是因為當地經濟不發達；考試的失利不能說明你笨，也許這不是你的潛能所在，也許是因為師資教育的問題，也許是因為基礎較差；因此，請不要過分的責備自己，每個人只能對自己能負責的事負責。

【故事說明】

在一次的演講上，一位著名的演說家沒講一句開場白，但手裡卻高舉著一張十美

元的鈔票。面對會議室裡的二百多個人，他問：「誰要這十美元？」一隻隻手紛紛舉了起來。

演說家接著說：「我打算把這十美元送給你們當中的一位，但在這之前，請准許我做一件事。」他說著將鈔票揉成一團，然後問：「誰還要？」這時，仍有人陸續舉起手來。

演說家又說：「那麼，假如我這樣做又會怎麼樣呢？」他把鈔票扔到地上，又踩上一隻腳，並且用腳輾壓它。隨後，他拾起鈔票，鈔票已變得又髒又皺。

「現在誰還要？」演說家接著問。還是有人舉起手來。

這位演講家給聽眾上了一堂有意義的人生課。無論我們如何對待那張鈔票，我們還是想要它，因為它並沒有貶值，它依舊值十美元。

在我們的一生中，我們會無數次的否定過自己，我們覺得自己似乎一文不值。但無論發生什麼，或將要發生什麼，我們永遠不會喪失價值，我們依然是無價之寶。生命的價值不依賴我們的所作所為，也不仰仗我們所結交的人物，而是取決於我們本身！

五、積極的應對生活壓力

消極的、被動的、一味的發愁不會讓挫折、問題自行消失，走出人生低谷的捷徑是

積極的應對生活壓力。有效的應對能減少挫折的負面影響，能磨練你的意志，使壞事平安的過去甚至成為好事。

所以，我們應該學習一些積極的應對策略，向親人、同伴、長輩、老師等尋求支援，以解決問題；做自己喜歡做的事，以進行有效的注意力轉移；對知心朋友傾訴，宣洩憂愁苦悶的情緒；進行健身鍛鍊，撫慰受傷的心靈等。

【故事說明】

一條煩惱的魚總想找個機會離開大海。一天，牠被漁夫打撈上來，放養在一口破舊的水缸中。

每天，漁夫總會往水缸裡放些蟲子，魚大口的吃著，累了則可以停下來打個盹。魚兒開始慶幸自己的美妙命運，慶幸現在的生活，慶幸自己有一身美麗的花紋。

日子一天一天的過去，魚兒一天一天的游。牠似乎有些厭倦，但再也不願回到海中了。「我是一條漂亮的魚。」牠總是這樣對自己說。漁夫要出遠門，十天半月才能回家。魚兒只好吃漁夫兒子的殘羹剩飯，牠的心情極糟。

不幸消息傳來，漁夫出海遇難了。漁夫兒子收拾東西搬走了。什麼都帶上了，只是忘了帶上那條漂亮的魚。魚很悲傷，想到昔日漁夫待牠實在不薄，現在卻遇難身亡，牠

十分悲傷。魚開始抱怨，抱怨水缸太小，抱怨伙食太差，抱怨漁夫的兒子對牠無禮，抱怨漁夫輕易出海，甚至抱怨當牠決意離開大海時同伴們為何不加以勸阻，抱怨牠所認識的一切，只是忘了抱怨牠自己。

時間靜悄悄的過去了，破水缸裡的這條魚看上去的確很漂亮，但它卻是一條死魚。當困難和災難來臨時，任何的抱怨都是無濟於事的。如果我們不能去改變，那我們就去適應，然後想方設法解決問題，在解決問題中擺脫現狀。

「我一緊張就手足無措」

——青春期焦慮症調節

謹記：「你有壓力，我也有壓力」，這句話似乎已成為這個普遍焦慮的時代最好的注解。正如莎士比亞所說的，「我們命該遇到這樣的時代」。如果說有的地方是我們始終繞不過去的話，那麼，或許此刻，我們應該如米蘭．昆德拉所言，偶爾嘗試「慢下來」。

【原音重現】

李曉晨，高二學生

「高中期間，宿舍裡的室友每晚熄燈後都要海闊天空的聊天，而我卻只有在關燈後盡快安靜才能睡得著，所以經常是到大半夜都還睜著眼，望著牆壁無法入睡。期末考試來臨之際，我的神經就繃得更緊了，越緊張就越難以入睡。到了白天就疲憊乏力，無法集中注意力聽課，也難以靜來心來複習，所以考試成績連續兩學期都排名在倒數三名內。」

「我總是不自覺的把同學分成上中下等，比如學習頂尖的、成績平平的和成績落後的。我每次和學習好的同學說話時，總感到有些不自在，甚至有時感覺自己是個小丑。」

「我也希望自己能有較好的人際交往的能力，可是見了人常常不知道該說什麼，後來就很少與人交談。我希望能使別人更快樂，但是我卻覺得在這一點上自己的能力不足，真不知道該如何改變這種狀況。」

「我總是渴望能與自己喜歡的異性說幾句話，做個朋友，可是見了對方我就臉紅，原來想好的詞當下就全忘了，不知道該說什麼好，而且連手腳都不知道往哪裡放。」

【案例講評】

李曉晨同學應該是患了青春期焦慮症。每個人都有焦慮的體驗。所謂焦慮，就是一種緊張、害怕、擔憂、焦急混合交織的情緒體驗。當人們面臨威脅或預料到一些可怕的、可能會造成危險或者需要付出努力的事物和情境將要來臨，而又感到對此無法採取有效的措施加以預防和解決時，心理上就會產生緊張的情緒，表現出不明原因的憂慮和不安。

焦慮是人處於緊迫狀態時的正常反應，適度的焦慮可以喚起人的警覺，集中注意力，激發鬥志。心理學的研究表明，中等程度的焦慮最有利於考生在考試中發揮水準，而過高或者過低的焦慮則不利於考生能力的正常發揮。

需注意的是，焦慮症的焦慮與一般性的焦慮是不同的，一般的焦慮有明確的原因，而且隨著焦慮情境的離去，焦慮體驗也隨之消失。比如得知要考試，每個人都會害怕和擔心，但這種焦慮隨著考試的結束也就消失了。但焦慮症的焦慮體驗是泛化的、持久的，也就是沒有確定的焦慮對象，常常是一種不明原因的焦慮。當事人整天都感到擔心、害怕，但若是追究起來，自己也想不通整天擔心的是什麼。

而且，一般性的焦慮程度和持續時間與焦慮情境或者事件的性質與強度是相符合的，如小測驗的焦慮程度較輕，時間較短，而期末考試則焦慮程度較重，時間較長，但

均能被人理解和接受。

而焦慮症的焦慮程度與誘發焦慮的事件極不相稱，當事人可以為了一點雞毛蒜皮的小事就非常焦慮，比如手指被劃破一個很淺的小傷口，當事人馬上想到破傷風，想到死亡，變得十分驚恐。這種過分的焦慮難以被他人所理解和接受。另外，一般性的焦慮較少伴有由心理因素造成的身體症狀，但焦慮症的當事人常有出汗、口乾、胸悶氣促、心悸等自主神經紊亂的症狀。

心理學上有一種觀點認為，那些個性上自卑、膽小怕事、謹小慎微、多疑、自我關注、太在乎他人的看法的人，也就是具有焦慮特質的人，容易得焦慮症。

【心靈點燈】

焦慮在正常人的身上也會發生，這是人們對於可能造成心理衝突或挫折的某種特殊事物或情境進行反應時的一種狀態，同時帶有某種不愉快的情緒體驗。這些事物或情境包括一些即將來臨的可能造成危險或災難、或需付出特殊努力加以應付的東西。

如果對此無法預計其結果，不能採取有效措施加以防止或予以解決，這時心理的緊張就會發生焦慮反應。若是過度而經常的焦慮就成了神經性焦慮症。

焦慮症的心理諮詢主要使用支持性心理治療、認知調節以適當降低自我期望值、放

鬆訓練以降低焦慮程度等方法。

一、學會自我改善

要學會自己去改善自己和改善所處的環境，進而達到心理平衡。

【故事說明】

心理學家在一個班級的學生中挑出一個平常表現最不突出，也不招人喜愛的女孩，並要求她的同學們改變已往對她的看法。

在接下來的日子裡，大家都爭先恐後的照顧這位女孩，向她獻殷勤，陪送她回家。大家都有意識的從心裡認定她是一位漂亮、聰慧的女孩。

結果怎麼樣呢？不到一年，這位女孩出落得很好，連她的舉止也與以前判若兩人。她愉快的對人們說：她獲得了新生。

其實，她並沒有變成另一個人——然而在她的身上卻展現出每一個人都蘊藏的美，這種美只有在我們相信自己，周圍的所有人也都相信並愛護我們的時候才會展現出來。

生活對於任何一個人都並非一路鮮花掌聲，最為關鍵的，是我們自己要對自己有信心。我們必須相信，我們對一件事情具有天賦的才能，並且，無論付出任何代價，都要

把這件事情完成。

二、降低自我期望，慢慢接受自己的不足

在社會中，往往有這樣的人，他們的自我期望值很高，有強烈的上進心，工作和學習認真刻苦，一絲不苟，渴望取得好的成績，對潛在的失敗很緊張：一旦發覺自己某方面的表現不盡如人意，則焦慮、不安，而這種焦慮情緒又透過加倍的努力學習來掩飾。久而久之，焦慮症便產生了，各種失眠、食慾不振等身體症狀也出現了。

對此，關鍵是要讓自己認識到焦慮症的產生源於自己的自我期望值過高。應適當的降低成就動機和對自己的要求，慢慢接受自己的不足和失敗，以減輕壓力、消除焦慮症狀。

【故事說明】

一位傲氣十足的富人，去看望一位智者。

智者將他帶到窗前說：「向外看，你看到了什麼？」

「看到了許多人。」富人說。

智者又將他帶到一面鏡子面前，問道：「現在你看到了什麼？」

「只看見我自己。」富人回答。

智者說：「玻璃窗和玻璃鏡的區別只在於那一層薄薄的鋁膜，就只差這一層薄薄的鋁膜，就讓有的人只看見他自己，而看不到別人。」

人們通常只看見自己，看不到別人。

智者的話讓富人明白了一個道理：人貴有自知之明，無論你的成就有多高，一定要清楚天外有天，人外有人，時刻保持謙虛和謹慎。

三、運用放鬆訓練法減輕焦慮

心理學的研究表明，當一個人進入放鬆狀態時，表現為呼吸頻率和心率減慢，血壓下降，全身肌肉放鬆，並有頭腦清醒、心情輕鬆愉快、全身舒適的感覺。

因此，透過放鬆訓練，可以減輕焦慮情緒以及伴隨的身心症狀。

【故事說明】

從前，有一群青蛙組織了一場攀爬比賽，比賽的終點是：一個非常高的鐵塔的塔頂。

一大群青蛙圍著鐵塔觀看比賽，替牠們加油。

比賽開始了。

老實說，群蛙中沒有誰相信這些小小的青蛙會到達塔頂，牠們都在議論：「這太難了！牠們肯定到不了塔頂！」「牠們絕不可能成功的，塔太高了！」

聽到這些，一隻接著一隻的青蛙開始洩氣了，除了那些情緒高漲的幾隻還在往上爬。群蛙繼續喊著：

「這太難了！沒有誰能爬上塔頂的！」

越來越多的青蛙累壞了，退出了比賽。但是，有一隻卻還在越爬越高，一點也沒有放棄的意思。

最後，所有的青蛙都退出了比賽，除了那一隻，牠費了很大的勁，終於成為唯一一隻到達塔頂的勝利者。很自然的，其他所有的青蛙都想知道牠是怎麼成功的？有一隻青蛙跑上前去問那隻勝利者從哪來那麼大的力氣爬完全程？

結果牠發現：這隻青蛙是個聾子！

這個故事告訴我們：總是記住你所聽到的充滿力量的話語，因為所有你聽到的或讀到的話語都會影響你的行為。

所以，總是要保持積極、樂觀！而且，最重要的是：當有人告訴你「你的夢想不可能成真」時，你要變成「聾子」，對此充耳不聞！要總是想著：「我一定能做到！」

永遠不要聽信那些習慣於消極悲觀看問題的人，因為他們只會粉碎你內心最美好的夢想與希望！

「我腦子裡總想一些無意義的事情」

——強迫性精神官能症調節

謹記：總有一些往事、回憶，不堪回首；總有一些念頭揮之不去；總有一些情緒，無法釋懷……因此，我們心裡產生了陰影。所謂陰影，其實就是我們在生活中隱約感受到卻又不願接受、不能正視的自我體驗和自我意象。

事實上，我們在生活實踐中遭遇到負面經驗時，即有可能感受到陰影，或者說，意識到心裡面產生了陰影。人生沒有永久的成功與失敗，人生就是由成功和失敗串聯而成的。

【原音重現】

趙莉婷，高三學生

「我的腦子總是閒不住，碰到什麼想什麼，比如『為什麼把桌子叫做桌子而不叫做椅子』，『為什麼一加一等於二卻不等於三』等等，我也知道這樣毫無意義，也極力控制自己別想它，可是又控制不住，老是跟自己作對。」

「我現在一見到譬如電線桿、樓層之類的東西就想計數，否則就會感到煩躁。」

「有時大腦中還會出現一些違背道德準則的內容，有時甚至會有脫口而出的衝動，比如罵髒話，或者是某人去世，一面認為死者真不幸，同時卻想著他該死，其中經常涉及父母、師長、偉人等。」

「我怎麼會這樣呢？我現在真是搞不明白我自己了，現在我誰也不想見，只想自己一個人待著，但時間稍微長一點，我又特別煩躁、緊張，就想找什麼東西發洩發洩。我這是怎麼了啊？」

【案例講評】

案例中的趙莉婷同學，其實是受到了強迫症的困擾。什麼是強迫症呢？強迫症也叫強迫性精神官能症，是指患者有某些重複的、不合理的、無意義的觀念、意向或行為，

患者能意識到這是不正常的，甚至是病態的，非常想擺脫它們，但卻無能為力，並為此十分苦惱。

強迫症如果細分的話，還分為強迫思想和強迫行為，上述案例中趙莉婷同學的情況就屬於強迫症的強迫思想的問題。

強迫思想主要有強迫回憶（對做過的事反覆進行回憶、分析、總結）、強迫疑慮（對自己的行為產生不必要的疑慮，如常懷疑門沒鎖、信上的地址寫錯、上課時想上廁所怎麼辦）、強迫性窮思竭慮（一段時間裡總是想一件事情，無法使自己的腦子停下來）、對立觀念（有了一個觀念，馬上會出現與之對立的另一個觀念）。

強迫性意向是個體感到內心有某種強烈的衝動要做某件事情，如某女生感到自己一發現別人發音錯誤就有立刻告訴人家的衝動。強迫恐懼，是個體害怕喪失自我控制能力，害怕會做出違反習俗甚至傷天害理的事。如某女生看見別人的好東西就怕自己控制不住去搶，為此她焦慮、緊張，走路時不敢看人。

強迫行為是強迫思想的外在表現，如不停的洗手、計數與反覆檢查。強迫行為可以分為屈從性強迫動作（動作與強迫思想在內容上是一致的，如怕髒的觀念導致反覆洗滌；擔心上課要小便的觀念導致課間一定去廁所）與對抗性動作（動作是為了控制強迫思想，如為了對抗淫穢內容的強迫思想，患者反覆背誦道德箴言）。其中反覆洗手者占病

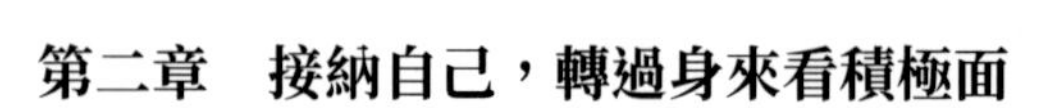

人總數的一半，反覆檢查者占四分之一，沒有強迫行為的占四分之一。

其實，在我們的日常生活中，有時會看到一些人重複一些無意義的動作，如反覆檢查門是否關好，鎖是否鎖好，反覆洗手，一件衣服洗多次仍嫌不乾淨，有些人反覆考慮一些沒有實際意義的問題，如人為什麼會有兩條腿，為什麼是按一、二、三、四、五……排列，而不是反過來排列等等，這些行為和觀念，在醫學上稱為強迫症，屬於精神官能症的範疇。

正常的人是否也會出現強迫現象呢？大多數的正常人也曾出現過強迫思想，例如，不自主的反覆思考某一問題，或念某兩句話，或唱一兩句歌，反覆如此，但並不影響正常心理活動和行為，所以不能看作是強迫症。只要強迫思想和強迫行為干擾了患者本人的正常心理活動，並且影響他的能力和行為，影響到人際關係或家庭的幸福，那麼便可確認他患上了強迫症。

強迫症一般是由某些強烈的精神因素作為發病誘因。那些性格主觀、任性、急躁、好勝、自制能力差的人容易得強迫症，少數強迫症的當事人具有精神薄弱的性格，自幼膽小怕事、害怕犯錯誤、對自己的能力缺乏信心，遇事十分謹慎，反覆思量，事後不斷嘀咕並多次檢查，總希望達到盡善盡美。

這樣的人，在眾人面前十分拘謹，容易產生窘迫感，對自己要求嚴格且過分克制，

生活習慣較為呆板，墨守成規，興趣和愛好不多，對現實生活中的具體事物注意力不夠，但對可能發生的事情特別關注，甚至過早就為之擔憂，工作認真負責，但主動性往往不足。

【心靈點燈】

強迫症與人的強迫人格密切相關，所以，要想擺脫強迫症，就要重塑自己的人格。這需要從以下幾方面入手：

一、樹立必勝信心，克服心理上的誘因，以消除不良情緒

必勝的信心是相信自己的欲望或預想一定能夠實現的心態。它是足夠的準備、高超的見識、卓越的能力的體現。這種由知識、見識和能力所形成的信心，能夠清楚的預知事情的必然發展趨勢，並將你引向成功之路。

【故事說明】

瓊西得了重病，醫生告訴她將不久於人世。當時正值深秋，院子裡的常青藤開始落葉。瓊西確信，當最後一片葉子落下，自己就該去了。可奇怪的是，那一片葉子竟怎麼

也不肯落下，瓊西因此而受到鼓舞，堅定了要活下去的信念。在醫生的幫助下，瓊西最終戰勝了病魔，恢復了健康。

還有一個故事：一個人在河裡游泳，不幸被浪捲向下游，當他準備要放棄的時候，突然想起去年夏天看到一棵大樹的粗枝就隱沒在前方不遠處。一股求生的欲望一下子充斥著他的每根神經，他奮力掙扎，當他費盡九牛二虎之力抓到樹枝時，卻發現經過一年的浸泡，樹枝已經腐爛。但這時候，救援的人已及時趕到，他被救了起來，重新獲得了生命。

兩個故事的主角用生命為我們詮釋了這樣一個道理：守住信念就留住了希望。不難想像，如果瓊西聽了醫生的診斷後就躺在床上等死，那麼等待她的很可能就是死亡；同理，如果落水者放棄希望，那麼他也只會葬身魚腹。

生活中時常會碰到各種的困難，我們一定要堅守住自己的信念，不要被困難嚇倒。俗話說：守得雲開見月明。在烏雲密布的夜晚，只要我們有著對明月的渴望和抱著明月總會出來的信念，靜靜的等待的話，往往最終都會等到明月普照大地的美麗瞬間。

守住自己的信念吧，哪怕它只是秋天最後一片落葉，哪怕它只是水中一截腐朽的枯枝，只要你不曾對生活失去信心，生活就不會虧待你，因為守住了信念就留住了希望。

二、用堅強的意志力去克服不符合常理的行為和思維

意志力就是人在為達到既定目標的活動中，自覺行動，堅持不懈，克服困難所表現出的心態。想要增強某種人格力只有透過與這種人格力相關的行為來增強。對於每一個要克服的障礙，都離不開意志力；面對著所執行的甚至是一個艱難的決定，我們所依靠的是內心的力量。事實上，主動的意志力能讓你克服惰性，把注意力集中於未來。

【故事說明】

有一個人對學功夫很熱衷，纏著要拜一位老師為師，老師說可以啊，不過我收學生有一個規矩，凡是意志力薄弱的不要，你給我蹲一下馬步吧，能蹲五分鐘就留下，蹲不了就回家去。

蹲馬步是練武功的基本功夫，要求兩腳分開與肩同寬，大腿蹲平，是一種很吃力的功夫。那個人擺好姿勢往地上一蹲，只過了半分鐘就起了反應：兩腿顫抖，呼吸急促，滿臉漲紅。他不到一分鐘就吃不消了，嘴裡嚷著「我不行啦！我不行啦！」就歪著身子站了起來，看得大家都哈哈大笑。

老師說回去吧，他不走，說拜師以後一定會刻苦練功，請求老師收下他。老師說連五分鐘的意志都沒有的人，以後憑什麼去刻苦練功？但他還是賴著不走，請求老師再給

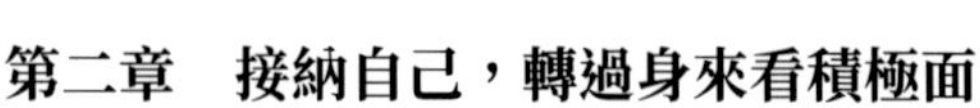

他一次機會。老師說可以啊，那就再蹲一下吧。

他歇了一會，深深的吸了幾口氣，把牙一咬對著眾人說「我一定能成功！」老師微笑不語，他喘著大氣咬牙咧齒的蹲著，又是不到一分鐘就散了架。這回他不好意思再說什麼，向老師道個歉轉身就走了出去。

半年後他又去找老師，老師還讓他蹲馬步，他一蹲就蹲了三十分鐘，老師滿意的點點頭將他收下，大家都很驚奇的問他是怎麼練的。

他說他回去以後是羞愧難當，發誓要為自己爭回這口氣，不是站五分鐘，而是要站三十分鐘。

當天夜裡他就開始練蹲馬步，但是不到一分鐘又不行了。第二天繼續站，還是過不了一分鐘，他天天如此，真是屢蹲屢敗。這樣反反覆覆的持續了一個月，他覺得再這樣練下去是不會有結果的，因為這種鍛鍊不是在堅強自己的意志，而是在進一步消磨自己本來就不強的意志力。

他悶頭想了半天，忽然醒悟到這是好高騖遠所帶來的惡果，為什麼每次都要盯著三十分鐘的目標不放呢?連一分鐘也蹲不了的人老想著三十分鐘只能令自己更加洩氣。於是他把目標定在一分鐘上，等能夠堅持一分鐘再說。

當天夜裡他就蹲足了一分鐘，這讓他喜出望外，決定第二天加碼至五分鐘，沒想到

第二天蹲到一分鐘左右就堅持不下去了。這回他可學乖了，馬上察覺到自己又重犯了浮躁的老毛病。冷靜下來以後他訂了一個練功計劃，決定以一分鐘為基礎，每過一個星期增加半分鐘，努力在一年內達到紮馬步三十分鐘的目標。

就這樣，他每天夜裡練習，剛開始那一會還得咬牙堅持，不斷的想去看手腕上的手錶。過了一段時間，心態開始變得平和，不再去關心時間。再過了一段時間，發現大腿沒以前那麼痠痛抖動了。但他沒有改動計劃，還是按部就班的練蹲馬步。直到有一天，腦子裡冒出了一個念頭：今天不設手錶定時，看看能蹲多長時間？結果他一蹲就蹲了三十分鐘。

這個故事告訴我們意志力不是憑空而來的，想要增強意志力就需要腳踏實地去實踐，不能悲觀失望，也不能好高騖遠。只要一步一個腳印的走下去，就會積少成多，到達預定的目標。

三、循序漸進並持之以恆

想要矯正強迫症行為和思維，就需要循序漸進並持之以恆，不斷的總結成功的經驗。

堅韌的意志，能產生神奇的功效。不後退，不放棄，就必定能達到目標。在別人都

已經停止時，你要繼續做下去，當別人都已經放棄希望時，你仍堅持進行，這是需要相當大的勇氣的。但也正是這份勇氣，使你能成就更美好的未來。

【故事說明】

你知道古代的石匠是怎麼將大石頭敲開的嗎？

石匠所擁有的工具只不過是一個小鐵錘和一支小鑿子，可是這塊大石頭卻硬得很。當他舉起錘子重重的敲下第一擊時，沒有敲下一塊碎片，甚至連一絲鑿痕都沒有，可是石匠並不以為意，繼續舉起錘子一下再一下的敲，一百下、二百下、三百下，大石頭上依然沒出現任何裂痕。

可是石匠還是沒懈怠，繼續舉起錘子重重的敲下去，路過的人看他如此賣力而不見成效卻還繼續硬敲，不免竊竊私語，甚至有些人還笑他傻。可是石匠並未理會，他知道雖然所做的還沒能看到立即的成效，不過那並非表示沒有進展。

他又挑了大石頭的另一個地方敲，一錘又一錘，也不知道是敲到第五百下還是第七百下，或者是第一千零幾下，終於他看到了成效，那並不是只敲下一塊碎片，而是整塊大石頭裂成了兩半。

是他最後的那一擊，使得這塊石頭裂開的嗎？當然不是，這是他一而再、再而三連

續敲擊的結果。如果我們能時刻保持持續不斷努力實現目標的決心，就有如那把小鐵錘，一直不停的敲著，直到能敲碎一切橫在成功旅途上的巨大石塊。

四、順其自然，做自己力所能及的事

強迫症持續存在的原因之一是我們強烈的渴望盡快消除它的強迫態度造成的惡性循環。所以，我們要打破這種惡性循環，學會與自己的症狀共存。

首先，不要阻止自己的思想。我們都不是神仙，都有嫉妒、享樂、占有、報復等各種念頭，但是再下流的想法只要沒有付諸行動，就不會造成對他人的傷害，不會犯法，而且別人也看不出來。所以，我們沒必要為之慚愧進而壓抑它。

其次，要學會與自身的疑慮和平共處，帶著它去學習、工作。是的，疑慮使我們深感痛苦，但這是我們自然人生的一部分。俗話說「家家有本難念的經」，我們憑什麼要求上天的偏袒，使我們的生活中沒有痛苦？成熟的人能直面痛苦，帶著痛苦生活。當我們與痛苦共存，在痛苦中奮鬥時，我們的人生會更有滋味，我們也將更能感受到自己的力量。

我們的努力雖無法驅逐我們的症狀，卻能使我們在自己擅長的活動中表現出色。所以，發現自己的亮點與優勢，並積極的投入，你將會讓人刮目相看。不知不覺中，你的

症狀也就消失了。

【故事說明】

一位建築師設計了位於綠地四周的辦公大樓群。竣工後，園林管理部門的人問他人行道該鋪在哪裡，「把大樓之間的空地全種上草。」他回答道。

夏天過後，在大樓之間的草地上被踩出了許多小道，優雅自然，走的人多就寬，走的人少就窄。秋天，這位建築師讓工人沿著這些踩出來的痕跡鋪設人行道。

這是從未有過的優美設計，和諧自然的滿足了行人的需要。可見，做事情適時的順其自然，這樣可以使事情變得更容易，而且又符合自然規律。

五、以練字進行自我調節

「字如其人」、「心手相通」，筆跡是人內在心理的外在顯露。我們完全可以透過對一個人的筆跡的分析，瞭解其個性心理特徵。反過來，我們也可以透過練字來培養某種個性心理特徵。

強迫症患者一貫寫字認真、細緻。不論多急，寫起字來一個筆劃也不敢少，甚至有時出現添補筆劃現象。針對於此，可以練行書，尤其要認識和掌握行書筆劃省略方法，使所寫的字運筆路線少而簡練。久而久之，其強迫性人格特徵會得到改善。

「老鼠好可怕」——恐懼性精神官能症調節

謹記：怕了一輩子鬼的人，一輩子也沒見過鬼，恐懼的原因通常是自己嚇唬自己。世上沒有什麼事能真正讓人恐懼，恐懼只不過是人心中的一種無形障礙罷了。不少人碰到棘手的問題時，習慣去設想出許多莫須有的困難，這自然就產生了恐懼感，遇事你只要大著膽子去做，就會發現事情並沒有自己想像的那麼可怕。

【原音重現】

張季敏，高一學生

「有一次，我們宿舍的一個同學說最近宿舍有老鼠，結果那幾天我都失眠，白天的課也沒上好。後來，我一聽到別人說老鼠的字眼或電視、電影裡出現了老鼠，我就害怕得不行。」

「我就在想，我這是怎麼了？以前也沒這樣過啊，想來想去，好像想起來我上國中時的一件事，那時候媽媽要求我學鋼琴，我不想學的時候，媽媽就說有老鼠咬我，我本來從小就怕毛毛蟲、老鼠一類的東西，媽媽看我不願意練鋼琴的時候，就總說有老鼠咬我，時間一長，我就對老鼠特別敏感，到後來就真的感到腳底下有老鼠等著咬我呢。」

「記得有一次，和同學放學回家，走著走著，同學說，敏敏你看，我依言看去，結果看到一隻碩大的老鼠，張牙舞爪的向我走來，我一屁股坐在地上，同學還以為我怎麼了，在一旁偷笑呢。我嚇得腿也使不上勁，站也站不起來，後來還是同學攙扶著我回到家的。隔天，同學跟我說當時那個碩大的老鼠只是一幅米老鼠的海報。」

「沒想到，我現在怕老鼠怕到這樣程度，我現在走在路上，總是時不時的看看腳的四周，總是覺得有老鼠在我周圍似的。對這可恨的老鼠，我真是怕極了。真的好苦惱啊！我能擺脫怕老鼠的毛病嗎？」

【案例講評】

張季敏同學的恐懼與一般人的恐懼明顯不同，她其實就是患了恐懼性精神官能症，也就是對動物的超常恐懼。恐懼性精神官能症是指對於某些事物或特殊情境產生十分強烈的恐懼感。這種強烈的恐懼與引起恐懼的情境和事物通常都很不相稱，眾人不怕或稍

微害怕的事情卻會讓患者害怕得無以復加，出現緊張戰慄、胸悶頭暈、口乾舌燥、啞口無言、手足無措、冷汗淋漓、呼吸停止、面色蒼白、肌肉僵直、尿急尿頻等一系列生理反應，甚至癱瘓或暈倒在地。他的恐懼會讓其他人很難理解，感到不可思議。但無論他們的想法是多麼不合理，他們都無法把它們從意識中去除掉，所以他們不得不極力迴避所恐懼的東西。恐懼帶來的心理痛苦、行為限制和社會限制往往糾纏在一起，嚴重妨礙患者的學習、生活和工作。

事實上，恐懼是人類的一種正常的情感。恐懼性情緒反應是一種具有自我防護、迴避危害、保證生命安全的心理防衛功能，恐懼之心人皆有之。例如，人們對黑暗、僻靜處、高空環境、毒蛇猛獸都可能產生恐懼迴避的反應。兒童、女性、膽小者和某些心理缺陷者，恐懼心理尤為明顯。而恐懼症的恐懼是那些非理性的、非現實的情緒狀態，即對一般人不害怕的事物感到恐懼，或者恐懼的強度和持續時間遠超出常人的反應範圍：比如面對一隻會咬人的狗感到害怕是可以理解的。但如果連畫面上的狗、文字中出現的狗都感到懼怕的話，顯然是一種不正常的情緒狀態。假如不予以調整，嚴重者會發展到恐懼症。

恐懼症並不是什麼難以治癒的頑疾，只要接受適當治療，百分之八十五至百分之九十五的患者都可以得到明顯改善。而且無論病程多長、病情多重，治療效果都

會很好。

【心靈點燈】

如果恐懼症的表現不同，那麼它形成的原因也是不盡相同的，因此，我們克服恐懼症時要具體分析，具體對應。

一、真正把握好自己

挫折也是一種磨練，拿出積極的心態與行動，自己的路要靠自己去走。不必太在意外界因素，你的信心與努力才是真正讓你成長的動力。

【故事說明】

卡爾·門德醫生是一位專門治療晚期癌症病人的專科醫生，有一次他為一位六十歲的喉癌病人治療，當時這名病人因為病情的影響，體重大幅下降，瘦到只有四十多公斤，癌細胞的擴散使他無法進食。

門德醫生告訴這位患者，自己將會全力為他診治，幫助他對抗惡疾。同時，每天將治療進度詳細告訴他，並清楚講述醫療小組治療的情形以及他體內對治療的反應，使病

人對病情得以充分瞭解，並緩解不安的情緒努力與醫護人員合作。

結果治療情形好得出奇。門德醫生認為這名患者實在是個理想的病人，因為他對醫生的囑咐完全配合，使得治療過程進行得十分順利。門德醫生教導這名病人運用想像力，想像他體內的白血球大軍如何與頑固的癌細胞對抗，並最後戰勝癌細胞的情景。

結果兩個星期後，醫療小組果然抑制了癌細胞的破壞性，成功的戰勝了癌症。對這個傑出的治療成果，就連門德醫生也感到十分驚訝。

其實門德醫生是因為運用了心理療法來治療這名癌症病人，才獲得了如此成功的療效。

我們每個人對自己的生命擁有比我們自己想像中更多的主宰權，即使是像癌症這麼難纏的惡疾，也能在自己的掌握中。因為，我們可以運用這種心靈的力量，來決定要什麼樣的生命品質。

二、採用系統脫敏法治療

系統脫敏有三個關鍵的要素：深層的肌肉放鬆訓練、恐懼事物的等級層次建構、在放鬆狀態下想像恐懼事物。

（一）深層的肌肉放鬆訓練

要掌握好肌肉放鬆的技術，只有做到肌肉徹底放鬆，才能有效降低焦慮與恐懼的程度，才能為系統脫敏做好準備。

放鬆的一般程序是：讓自己處於安靜的環境中，舒服的躺在沙發上，排除一切雜念。用意念和控制呼吸節奏和規律來放鬆全身的肌肉。放鬆的順序依次為：額頭的肌肉——臉部的肌肉——後頸部的肌肉——胸部的肌肉——腹部肌肉——雙手手臂肌肉——大腿的肌肉——小腿的肌肉

（二）建構恐懼的等級層次

建立一個恐懼的等級層次，就好像是建立一個有關恐懼事物的梯子。我們按照對事物的恐懼度把它們放在梯子的每一個階層上，低的梯級上放較低恐懼度的事物，高等級上放高恐懼度的事物，最頂端放真的事物。

在建構恐懼的等級層次時有幾條原則：

首先，把梯子長度控制在十五層。先想出二十到二十五個與恐懼事物具有不同或相似等級的事物，然後去掉一些項目。

第二，把恐懼度最高的事物放在梯頂上。

第三，把與恐懼事物關連很少，幾乎不產生緊張的事物放在梯子的最低層。

最後，選擇置於中間層次的事物。

建完恐懼階梯後，從底到頂再檢查一遍。盡可能生動鮮明的想像每一個事物，記錄下你所感受到的緊張度，然後確定這些順序是否正確。如果發現低層的事物比上層事物產生的緊張更強烈，就應該把它們的順序對換。

(三) 在放鬆狀態下想像或觀看恐懼事物

首先進行深層次的放鬆並保持一段時間。當感到放鬆得非常舒服時使自己積極的想像恐懼階梯底層的事物。集中注意力，從而使想像盡量鮮明。使映射保持一分鐘。之後若沒有被打擾，就停止想像繼續放鬆幾秒鐘，再重複想像階梯底層的事物。可重複進行兩次、三次或更多。順利通過後，以同樣程序想像第二、第三層的事物。

若放鬆被打擾了，那麼就立即停止想像，重新回到深度放鬆，並保持一到二分鐘。然後再在放鬆狀態下想像低一層次的事物。若進展順利並已想像了三或四個事物，就在這種很好的情況下停下來。第二天可以從前一天已經成功想過的事物開始。有時候需要在恐懼梯上降低兩層。但別擔心這點小小的障礙，它只是在告訴你，進行得太快了，或步閥邁得太大了；如果重試兩三次後，還不能克服，就要在恐懼梯上再加入一層。

每一次練習，最多想像三到四種事物，每一種重試兩到三次。一般來說，對恐懼梯上所有的事物進行脫敏大約需要三個星期的時間，但這取決於恐懼的強度。有的可能只

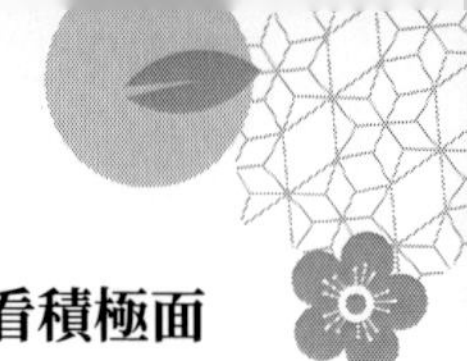

需要一週，而有的可能要六星期甚至更長。

若進行完了整個程序，就要在真實環境下考驗自己了，但仍要慢慢進行。先在現實中嘗試恐懼感較弱層次上的事物，然後是中間層上的，最後才是最高層次上的。對於嚴重的恐懼症來說，這是很有必要的。但對一般恐懼而言，情感映射脫敏已經足夠了。

「我到底怎麼了」——自慰行為困擾調節

謹記：百分之九十五以上的男性和百分之六十的女性在婚前均有手淫行為；可見，從統計學的意義上講，手淫是個人性發展過程中普遍存在的現象，不能視為異常的行為，與道德無關，更不能說是不良行為。

【原音重現】

王亭山，高二學生

「我本來是一個在生理上發育正常的男孩子。但是到了青春期，我也和別的男孩子一

樣，開始對自己生殖器的發育特別留意起來。」

「我剛開始覺得沒有什麼。高二的某一天，我們的宿舍幾個男孩子聊起生殖器大小的問題……」

「我從他們談話的內容一比較，感覺自己的陰莖發育太慢，似乎比他們所說的尺寸要小，於是我就感覺「陰莖短小」的包袱越來越沉重的壓在我的心頭。這讓我經常焦慮不安。」

「我從那時起，便開始整天心事重重的，總覺得陰莖太小的人將來不能成為真正的男子漢，甚至還會影響到今後的結婚、生育……」

「後來我想到刺激陰莖可以使陰莖長得大一些，於是我開始了手淫。」

「但是，由於我不瞭解正確的性知識，我的心理壓力並沒有減輕，還增加了『手淫有害』的精神負擔：每次手淫後，都像是做了壞事一樣出現罪惡感和自責情緒。」

【案例講評】

王亭山的主要問題是，他隨著性意識困擾逐步加深、惡化，所導致的性衝動現象越來越明顯。這是由於他對性知識和生理知識的缺乏，又沒有得到正確的性教育和及時的心理疏導所致。

實際上，因為個人存在著差異，陰莖發育的快慢可能不一樣，大小自然也會不同。而絕大部分人的陰莖，都是屬於正常範圍之內的，尤其是當陰莖勃起後，差別就更小了。

至於說到一個男孩子的男子漢氣概，更主要的是表現在他的氣質和人格方面，比如能表現出勇敢、樂觀、果斷的性格，寬闊坦蕩的胸懷和樂於助人的人品等。而這些品格和精神，是需要在生活中不斷的鍛鍊和培養才能具備的。高中階段是一個很寶貴的時期，如果在這個提升自己的黃金時期過分的注意自己的性發育，整天為自己陰莖的大小而多愁善感，想入非非，甚至做出一些無知的事情來，那就和男子漢氣概背道而馳了。

美國心理學家指出：在性心理的諮詢過程中，常見的性衝動困擾就是青少年的自慰行為的困擾。所謂自慰行為，就是指在沒有異性參與的情況下所進行的滿足性衝動和性慾的行動。手淫是學生解決性衝動的主要宣洩方式。

在臺灣由於受到過去舊思想的影響，認為手淫是有害身體的，有些男學生錯誤的認為「一滴精十滴血」，害怕手淫會引起身體虛弱、性無能等。現代研究雖然認為合理手淫並不影響健康，並且是解決性衝動的一個合理途徑；但如果過度沉溺於手淫，把手淫當作解除內心焦慮和不快等的手段則是不妥的。

【心靈點燈】

性衝動是男女生理心理的正常反應，它是在性激素的作用下和外界的刺激下產生的。對性衝動的出現，不應該視之為下流無恥之事；相反的應當學會不斷加強自我控制性慾和性衝動的能力。

高中生必須正確對待性衝動，既要瞭解它是一種正常的現象，並學習一些有關的性知識和性衛生常識，讓性功能正常的發育；同時又要有提高自我控制、約束性衝動的能力，在出現性衝動時要學會控制自己。

一、掌握好男女正常交往的尺度

異性之間建立友誼，除了要遵守交友的一般原則以外，還要注意交往的方式方法和講究分寸。友誼與愛情雖然僅是一步之差，但畢竟是很不相同的兩碼子事。男女交往應該自然、大方、得體、開誠布公，以集體活動中的互相接觸為主，言行之中要注意不要引起對方的錯覺和性意向的浪漫幻想等。

二、認真學習，提高認識

透過性生理、性心理、性衛生、性道德的學習，認識性慾和性衝動是應該且可以控制的。要培養自己良好的性適應能力和性抑制能力，以適應複雜的社會文化環境並防止越軌行為。

三、避免性挑逗

多看健康的書報、影視作品和圖片，盡量迴避性描寫的作品和影視。男女同學間互相談笑時，也不要過多的以性為話題。

四、不斷昇華性的觀念

應該首先正確理解人類的性不單是個人生活問題，也是社會道德問題：要認識到一旦發生性行為，就意味著個人必須對社會負起做夫（妻）和父（母）的責任，而大學生們一般是缺乏這種認識，更沒有承擔起這些義務及責任的條件的。

還應該認識到，性是一種廣泛的活動，不僅包括性行為，還包括非性行為，它是人類精神文明的一個組成部分。不能把性僅僅看作是性慾的滿足，那樣的話就和動物沒有什麼區別了。

【故事說明】

這是一場舉世矚目的賽事。撞球世界冠軍已走到衛冕的門口了。他只要把最後那個八號黑球打進球門，凱歌就奏響了。但就在這時，不知道從什麼地方飛來了一隻蒼蠅。

蒼蠅第一次落在握桿的手臂上，有點癢，冠軍停下來。蒼蠅飛走了，冠軍俯下腰去，準備擊球。但蒼蠅又飛來了，這回竟飛落在了冠軍鎖著的眉頭上。冠軍不情願的只好停下來，煩躁的去打那隻蒼蠅。蒼蠅又敏捷的脫逃了。冠軍作了一番深呼吸後再次準備擊球。

天啊！他發現那隻蒼蠅又回來了，像個幽靈似的落在了八號黑球上。冠軍怒不可遏，拿起球杆對著蒼蠅捅去。蒼蠅受到驚嚇飛走了，可球桿觸動了黑球。按照比賽規則，該輪到對手出球了。對手抓住機會死裡逃生，一口氣把自己該打的球全打進了

衛冕失敗，冠軍恨死了那隻蒼蠅，可惜的是他後來患了不治之症，再也沒有機會走上球場，臨終時他對那隻蒼蠅還耿耿於懷，一隻蒼蠅和一個冠軍的命運糾纏在一起，也許是偶然的。倘若冠軍能制止怒氣並靜待那隻蒼蠅離開的話，故事的結局也許應該重寫了。

平心靜氣，善於控制自己情緒才會較少的出差錯。學會善於控制自己的情緒，得到的又豈止是冠軍？

附：趣味心理測試

想做自己情緒的主人嗎？你想瞭解自己情緒的變化嗎？很簡單，做做下面的小測試就能知曉了。

一、我對所有事物都是樂觀向前看的：

A、幾乎是　B、較少是

C、很少是　D、幾乎沒有

二、我對以前感興趣的事，現在還感興趣：

A、肯定　B、不像以前

C、有一點　D、幾乎沒有

三、我能看到事物好的一面：

A、經常　B、現在不這樣了

C、現在很少　D、根本沒有

四、我對自己穿著打扮完全失去興趣：

A、不是　B、不太是這樣

C、幾乎是這樣　D、是這樣

五、我感覺情緒在漸漸變好：

A、幾乎是　B、有時是

C、很少是　D、不是這樣

六．我能很投入的看一本書和一部電視劇：

A、總是　B、經常

C、很少　D、幾乎沒有

答案：

選A得0分　選B得1分

選C得2分　選D得3分

分析：如果得分小於七分，則情緒良好；反之，你的情緒有點不太好哦。

第三章　心理按摩，與學習障礙和解

要正確的認識和評價自己的能力，調整自己的抱負和期望目標，使之切合自身和客觀現實。不怕困難與失敗，勇於迎接學習中的挑戰，加強心理調節，遵循客觀學習的規律，以增進學習效果。

「我努力學習是為了什麼？」
——學習動機缺乏調節

謹記：動機是在個體自我調節的作用下產生的，自我調節作用是連接、協調行為動機的內在起因和外在誘因的橋梁。造成學習動力缺乏的原因雖然各不相同，但是主要還得從自我引導方面人手，並輔以改變行為，調整學習動機的各個組成部分，達到增強學習動機的效果。

【原音重現】

洪建霖，高一學生

「國中老師從沒跟我們說過高中生活會是什麼樣的，那時我唯一的目標就是考上高中，因為考上高中，就意味著已經成功步入大學的殿堂的一半了。但我從來不知道上了高中之後還需要繼續做些什麼？」

「我考上的高中，並不是家長和老師所期望的明星高中，這意味著好的大學夢就很難實現了，所以，我做什麼都提不起精神。」

「現在，我過去的同學都認為考上高中『就成功一半了』，該補一補玩樂的『課』了，等待以後考上大學畢業，找個好工作或讀研究所、出國。所以我現在覺得做什麼都沒意思。」

「以前國中努力是為了考高中，現在努力是為了什麼？是大學嗎？似乎沒有那麼直接的目標了。不知道自己該向哪個方向發展？也不知道自己該樹立一個怎樣的目標？」

【案例講評】

日本著名的思想家池田大作說：「對於人類來說，沒有比為使命而活著更可貴的了，同時，也沒有比不知道為何生存更空虛的了。」在高中這個全新的環境面前，目標困擾著廣大學生們，高中一年級是最茫然的。上大學的目標似乎有望實現了，那麼下一個目標是什麼？絕大多數同學回答不上來。「增加知識」太籠統，「成功就業」太遙遠，難以激發人的熱情和幹勁，普遍表現為雖有學習願望但是缺乏學習動機。

學習動機是學生個體內部引起學習活動的動力機制，是學習活動得以完成的重要條件。一般而言，由於學習動機對學習行為積極性的直接制約，影響了學生對待學習的注重程度、情緒傾向和意志毅力，也間接影響了學習效果。

研究發現，中等強度的學習動機的激發最有利於學習效果的提高，過高、過低都會

降低學習效率。每個學生都希望自己學有所成，但是他們的學習動機卻各有不同，而且注重程度也有所不同。而且，由於經過了高中考試，多數學生有了休息一下的想法，學習動機缺乏的現象是比較普遍的。

【心靈點燈】

學習動機對學習有著重要的促進作用。作為一名學生若想提高自己的學習成績，很重要的一個方面就是要努力提高並激發自己的學習動機。

那麼，應該怎樣有效的提高自己的學習動機呢？下列的幾點方法相信會對正在迷惘中的青少年們起到引導和幫助的作用。

一、多角度看問題

喜歡與不喜歡是相對的、可變的，一所學校，無論當初是自己的主動還是被動選擇的，入學後也一樣會有人不滿意。但就算無論如何喜歡不起來的情況下，你仍是可以完成高中學業，進入正式學測和指考階段。

【故事說明】

有四個小孩在山頂上玩耍，玩得正開心的時候，突然從山頂的遠處跑出了一隻大黑熊。

第一個小孩，反應特別快，拔腿就跑，這個小孩是學短跑的，一口氣跑了一百多公尺，感覺身後沒有動靜，他回頭一看，其他三個小孩都沒動，就向三個小孩喊道：「你們三個怎麼不跑呀，黑熊來了會吃人的。」（這個小孩是感性思維，遇到危機的時候，拿出自己的核心競爭力來應對危機。）

第二個小孩，正在綁鞋帶，回應說：「廢話，誰不知道黑熊會吃人呀，別忘了黑熊最擅長長跑，你短跑跑得快有什麼用呀?我不用跑得過黑熊，待會兒我跑得過你就行了。」（這個小孩是競爭性思維，我只要超過比我弱的人就能生存），說完就問旁邊的小孩：「你愣著做什麼?」

第三個小孩說：「你們跑吧，跑得越遠越好，待會黑熊跑近我的時候，保持安全的距離，我帶著黑熊，到我爸的森林公園，這不是白白給我爸帶回一份固定資產。」（這個小孩是危機中生存的思維，把危機看作一次機會），說完，就問第四個小孩：「你怎麼不跑，等死呀?」

第四個小孩說：「你們都瞎跑什麼呀，老師說了在沒弄清問題的時候不要亂作決策，不要亂做判斷，要做好調查，黑熊是不輕易吃人的，你們看山的那邊有一群豬，黑熊是朝著豬去的，你們跑什麼呀？」（這個小孩是理性思維。）

我們通常都會犯同一個錯誤——在同一面牆上撞來撞去，直到撞得頭破血流。從多個角度去思考你所要解決的問題，也許會找到你想要的答案。

二、學校不是決定個人前途的必然因素

「英雄莫問出處」，能夠進入一所明星高中當然好，如果不能，也沒有什麼，假以時日，自己功成名就了，讓學校以自己為榮耀不是更好嗎？

【故事說明】

已經是三伏天了，廟裡的草地上仍然是一片枯黃。

小和尚說：「師父，快撒點草籽兒吧，這草地多難看哪！」

師父讚許的看著小和尚說：「好啊！等天冷了，隨時吧！」

中秋，師父買了包草籽兒叫小和尚去種。

在陣陣秋風吹動之下，草籽兒邊撒邊飄……小和尚急得喊了起來：「師父，不好了！許多草籽兒都讓風給吹走了！」

師父不動聲色的說：「嗯，沒關係。吹走的多半是空的，撒下去也發不了芽。隨性吧！」

種子剛剛撒完，就引來了一群麻雀。小和尚急得直跺腳：「壞了，壞了！草籽兒都讓麻雀給吃了。這可怎麼辦呢？」

師父和顏悅色的說：「別急。種子多，吃不完，隨遇吧！」

播種那天夜裡，忽然下了一陣暴雨。清晨，小和尚到院裡一看，就三步並做兩步的衝進禪房：「師父，這下子可完了！草籽兒都讓雨水給沖走了！」

師父毫不介意的說：「沖到哪兒就會在哪兒發芽，隨緣吧！」

八天過去了，枯黃的草地上居然長出了一片青翠可人的綠色的草苗！原先沒有播種的地方也泛出了綠意。

小和尚高興得直拍手：「好看！太好了！」

師父瞇起笑眼，慢慢點著頭說：「隨喜！隨喜！」

隨時、隨性、隨遇、隨緣、隨喜——別把生活定格在某一個特定的時間、空間、標準上，堅強中隨遇而安，平凡中感悟快樂。永遠不去計較生活的不快，我們就會本能的收獲幸福和喜悅。

三、修訂學習計畫

無論身處於哪個學習環境，制定學習計畫尤為重要，根據自己實際情況，修訂學習計畫是當務之急。

學習目標定得太大等於沒有目標，把它分解為短期的小目標，更有利於實現大目標。

【故事說明】

一九八四年東京國際馬拉松邀請賽中，名不見經傳的山田本一獲得世界冠軍。有很多人為此質疑。兩年後的義大利國際馬拉松邀請賽中，他再次獲得冠軍。

馬拉松賽是體力和耐力的運動，只有體格好又有耐性的人才有望奪冠。

山田本一又是怎樣獲得成功的呢?在接受採訪中他這樣說:每次比賽前，我都要乘車把比賽的路線仔細看一遍，並把沿途比較醒目的標誌畫下來，比如第一個標誌是一棵大樹;第二個標誌是銀行;第三個標誌是一座紅房子……這樣一直畫到比賽的終點。比賽開始後，我就以百米的速度奮力的衝向第一個目標，等到達第一個目標後，又以同樣速度向第二個目標衝去。四十多公里的賽程，就被我分解成這麼幾個小目標輕鬆跑完了。

山田本一成功的奧祕就在於將最終目標分成幾個小目標，在每一個小目標中以最飽滿的熱情和動力來完成，從而達到最後的勝利。

生活中，我們之所以半途而廢，這其中的原因，往往不是難度太大，而是總覺得成功離我們太遠。

四、自己主宰意志

同班學習，人各有志，不能強求，別人有別人的人生，自己有自己的生活，如果希望自己成為一個有學識的、高素養的現代人，就去做，不要瞻前顧後，浪費時間。

【故事說明】

白雲禪師有一次和他的師父楊岐方會禪師對坐，楊岐問：「聽說你從前的師父茶陵郁和尚大悟時寫了一首詩，你還記得嗎？」

「記得，記得。」白雲答道：「那首詩是『我有明珠一顆，久被塵勞關鎖，今朝塵盡光生，照破山河萬朵。』」語氣中免不了有幾分得意。

楊岐一聽，大笑數聲，一言不發的走了。

白雲愣在當場，不知道師父為什麼笑？心裡很是愁煩，整天都在思索師父為什麼

笑，怎麼也找不出他大笑的原因。

那天晚上，他輾轉反側，怎麼也睡不著，第二天實在忍不住了，大清早就去問師父為什麼笑？

楊岐禪師笑得更開心，對著因失眠而眼圈發黑的弟子說：「原來你還比不上一個小丑，小丑不怕人笑，你卻怕人笑。」白雲聽了，豁然開朗。

身為一個凡人，我們有時還比不上一個小丑。很多時候我們就是陷於別人給我們的評論之中。別人的語氣、眼神、手勢……都可能攪亂我們的心，消滅我們往前邁進的勇氣，甚至成天沉迷在白雲式的愁煩中不得解脫，白白損失了做個自由快樂的人的權利。

「我怎麼就是學不進去呀」——學習策略不良的調節

謹記：

目前，中外學者已提出的學習策略就多達六百多種，但尚沒有一個能稱為最好的學習策略。適合別人的，不一定適合自己；今天適合自己的，明天不一定仍適合自己。所

以，應結合不同的學習目的、學習階段、個性特點，透過思考、對比、調整，去摸索適合自己的學習策略和方法。

【原音重現】

張瑋婷，高一新生

「我國中時雖不曾被人羨慕和崇拜過，但我也從未擔心過自己的學習問題。」

「可是，當我滿懷信心的考入高中後，我卻出乎意料的遇到了學習上的問題。為什麼我過去用那種學習方法能考出好成績，而現在用卻不靈了？」

「按理說我現在學校的學習氛圍比國中還要好，經過緊張的會考壓力後，高一的學習壓力減輕了，我用以前考高中時的學習方法反而應付不了現在的高中學習了？」

「我也想了很多辦法，可是考試成績卻總是不理想，尤其期末的大考……」

「我現在感到自己很沒用，沒信心繼續讀下去。」

【案例講評】

紐約市皇后區學院教育系教授的研究指出，「學習成功的祕訣在於能夠找到最適合自己的學習方式。學習策略是在學習過程中逐漸形成和發展起來的。學習策略好不好，不

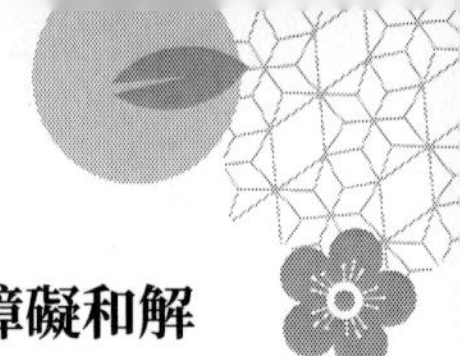

是一天兩天的事，而是有一個漸進的過程，不僅涉及學習方法，而且關乎學習習慣。學習策略不良主要是學習者個人的原因。」

張瑋婷的問題原因在於：

首先，學習方法不當直接造成她的成績不理想。她嚴格按照自己制定的計劃勤奮學習，而這樣做恰恰是本末倒置的。大量的投入不等於能得到良好的效果，方法正確與否才是成功的關鍵。張瑋婷同學習慣了國中時的學習方式，來到高中後沒有意識到新的學習方法以學生自學為主、教師指導為輔的特點，仍然沿用以前的學習方法，結果只能是事倍功半。究其根源在於她沒有認真分析高中課程的學習特點，導致學習成績不理想，引起學習壓力。

其次學習動機不良也是導致其學習方法不當的原因之一。這名學生過去一直成績優秀，她以為現在讀高中了，也應該是同樣的，但是現實卻不是她想像的那樣，她無法接受這個事實，於是她便加倍的努力，這時她的學習動機便出現了問題，由於她對已經變化了的現實中的自我沒有真正的清楚認知，沒有從根本上改進學習方法，結果只能是事與願違，理想中完美的自我和現實中普通的自我之間差異越來越懸殊，漸漸的，她就喪失了學習的信心和興趣。

【心靈點燈】

學習策略的形成和發展，關鍵在於透過自己的體驗，能夠實現對知識和技能進行理解消化，讓學生真正的學會。

著名教育心理學專家提出，學習是一個資訊加工的過程，學習成效取決於對每個階段資訊加工的正確性。遭遇到學習策略問題，對學生的自尊心和自信心都是一個打擊，有效的學習，首先不是迫不及待的著手掌握方法、策略，而是正確處理因策略不良而導致的心理感受，消極的情緒會影響人的思維，只有待心境平和了，再去分析問題，才能找到更適合自己的好辦法。

那麼，學生應該怎樣有效的改善自己的學習策略？下列的幾點方法相信會對正在迷惘中的人起到引導和幫助的作用。

一、有效提高記憶效率

不要為了記憶而記憶，其實，最好的記憶方法是歸納總結，所以一定要掌握一些歸納整理的具體方法，比如透過畫流程、列圖表、編提綱等方式，讓知識在頭腦中形成一個清晰的結構，這樣既可以抓住學習內容的重點和困難點，又可以使知識條理化、系統化，更重要的是降低了記憶的工作量、減輕了心理壓力，最終使得記憶更牢固。在總

結、記憶、練習等鞏固知識的手段的基礎上，注重實踐操作，做到手到、心到，保證理論知識的消化和吸收，使新知識與舊知識相結合，提高記憶效率。

【故事說明】

瓊玫是一個很散漫的人，經常丟三落四，為此她吃過很多苦頭，可是毛病照樣沒改。

一天早上她在路上碰見一個同校的同學，那個同學很熱情的跟她打招呼，還討論了一些昨天郊遊的事情，可是她一直沒有想起來這個同學的名字，她覺得很尷尬，因為昨天她們在郊遊的時候互相認識，當時走在一起，玩得很開心，並互相介紹了自己，可是才一個晚上，自己就把人家的名字給忘了，唉！瓊玫越想越鬱悶。

這時，有人拍了一下她的肩膀，回頭一看，是好朋友小雪。小雪問她：「想什麼呢？又在發呆！」

「沒有什麼。」

「你是不是忘記了一件事？」

「什麼事？」瓊玫又開始緊張了。

「真的想不起來了？今天是我生日，你不祝福我嗎？」

「哦，對不起！」瓊玫開始為自己的健忘感到生氣了。

有時候你是不是也會有這種健忘的情況？學習也一樣，這都是我們記憶疏忽的原因。學習就是一個理解、記憶和運用的過程。也就是說，記憶在學習中占了很大的一部分，並影響學習效果。如果從現在開始掌握一些記憶方法，並靈活運用，就可以明顯提高學習效果，讓一分鐘的時間起到兩分鐘的作用。這樣不僅可以迅速提高我們的成績，還能省出更多時間去做一些喜歡的事情。

二、有效提高思維效率

不同的時空環境下，大腦的思維效率是不同的，而且因人而異。對學生來說，提高了思維效率，有利於知識的學習。每個人都有自己的思維效率最高的時刻，尋找自己思維最活躍、效率最高的條件與時刻，對於提高思維能力很有意義。

另外，學生要跟上新老師的教學方法和速度，課前要預習，要帶著問題上課，課後要及時複習總結，把握自己在該課程上的學習特點和規律。不同的科目有不同的學習過程，有的側重動腦思考，有的側重動手實驗，熟悉其基本過程，學生要有目標、有重點的提高學習效率。

【故事說明】

畢堅商店是美國曼哈頓大街上最冷清的一家商店。別人都大門敞開，但它卻大門緊閉。別的商店裡人潮擁擠，畢堅商店裡卻只有一個顧客。世界五十多個國家的王公貴族和巨富們都在這裡買過東西。美國總統雷根，約旦國王胡笙和一些大明星都曾光顧這裡。畢堅商店不需要很多顧客，只要每天侍候一位高貴的客人就夠了。那些九萬四千美元一條的床單、二千二百美元一套的服裝和一千五百美元一瓶的香水可不是為一般人而準備的。

畢堅商店深知：巨富們大多喜歡深居簡出，他們也不希望別人知道自己的隱私。他們所買的東西一定要昂貴、稀有、與眾不同。所以，他們為顧客保密。各種東西都是根據顧客特殊要求訂製或採購。其店內的布置和氛圍在讓客人體驗自身高貴的同時，還有些異樣的神祕感與吸引力。

有人認為，尋求獨特是可以任意而行的。其實不然。很多獨特的經營方法之所以能夠長期堅持下去，都是由事物發展的共性特徵所決定的。有時候，你抓住一個顧客群體的共性，也就抓住了一個具體經營方法。想想看，這是否和提高學習效率的原理有相似之處呢？

三、認真做聽課記錄

現在有很多大學生，既不聽課，也懶得記筆記，有些人認為有了手機錄音，完全可以不作記錄，有些覺得老師沒有寫板書，就無法記筆記。筆記是自己對課程內容的理解和思考，也體現了自己學習的重點、難點和疑問，這樣在複習時也能節省時間、把握要點。

【故事說明】

小貓長大了。

有一天，貓媽媽把小貓叫來，說：「你已經長大了，三天之後就不能再喝媽媽的奶，要自己去找東西吃。」

小貓疑惑的問媽媽：「媽媽，那我該吃什麼東西呢？」

貓媽媽說：「你要吃什麼食物，媽媽一時也說不清楚，就用我們祖先留下的方法吧！這幾天夜裡，你躲在人們的屋頂上、梁柱間、陶罐邊，仔細的傾聽人們的談話，他們自然會教你的！」

第一天晚上，小貓躲在梁柱間，聽到一個大人對孩子說：「小寶，把魚和牛奶放在冰箱裡，小貓最愛吃魚和牛奶了。」

第二天晚上，小貓躲在陶罐邊，聽見一個女人對男人說：「老公，幫我的忙，把香腸和臘肉掛在梁上，把小雞關好，別讓小貓偷吃了。」

第三天晚上，小貓躲在屋頂上，從窗戶看到一個婦人嘮叨著自己的孩子：「乳酪、肉鬆、魚乾吃剩了，也沒有收好，小貓的鼻子很靈，明天你就沒的吃了。」

就這樣，小貓每天都很開心，牠回家告訴貓媽媽：「媽媽，果然像您說的一樣，只要我仔細傾聽，人們每天都會教我該吃些什麼。」

靠著傾聽別人談話，學習生活的技能，小貓終於成為一隻身手敏捷、肌肉強健的大貓，牠後來有了孩子，也是這樣教導孩子的：「仔細的傾聽人們的談話，他們自然會教你的。」

四、提高閱讀效率

鯨吞法和牛食法都是提高閱讀效率的好方法。鯨吞法就是對那些只有瀏覽價值的書，不妨讀得快一些，是書籍則先看簡介和目錄，是論文則看摘要和關鍵字，需要的話，再看看參考資料；牛食法就是對於相對來說價值較大的知識，細嚼慢嚥、反覆體會、深入理解。當今世界的知識爆炸，只會牛食的人，將會營養不良；光懂鯨吞的人，將會收獲膚淺。關鍵是將兩者有機的結合起來，運用自如。

五、合理安排時間

重新安排學習和休息的時間，勞逸結合，做到有張有弛，不打「持久戰」、「疲勞戰」。要學會自我調節。調整學習目標，根據自己的狀況，制定切合實際的短期學習計劃，把目標分割成小塊，並按照學習進度及時調整學習計劃。

人或許永遠跑不過時間，但可以比原來跑再快一些，甚至多跑幾步，而這幾步可能就會創造很多東西，就可以推動社會的進步，就可以在一個人歲月的長河中留下光輝的一瞬。

「我一上課就想睡覺」

——學習倦怠心理調節

謹記：當學生的時間、精力、學習力達到了一定程度以後，學生的成績就不可能再快速成長，如果達到了極致，還有可能出現負成長，這就是學習倦怠。而對於學習倦怠，我們要增強自信，重新燃起學習的興趣，將主動學習和自覺學習有效的結合起來。

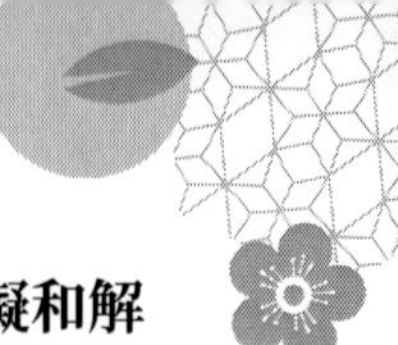

【原音重現】

郝建，高二學生

「上高中後覺得解脫了，自己感覺好像從地獄走進了天堂。」

「終於可以休息了。」

「雖然我也知道不應該有這種想法，但這種想法卻時常冒出來，導致我總是提不起學習的興趣。」

「我現在每天就是不願意學習，只想要玩，甚至寧願坐著發呆都不願意去學習。」

「我周圍的同學都認為，面對三年後的指考，『分不在高，考上就行』，所以我也認為無須再為學習成績而長時間奮鬥煎熬。」

「我在這種思想支配下，變得慵懶，無所追求，沒有目標，沉淪麻木。」

「在經過了兩年的高中生活後，我陷入了極度空虛的現狀，對已經過去的學習生活我很不滿意，對自己長時間的鬆懈追悔莫及，對自己的空虛狀態感到痛苦。」

【案例講評】

德國心理學家科勒曾指出：脫離國中階段的學習生活幾乎全憑學生的自覺，學校的管理相對寬鬆，與此同時學生的課餘時間就會大大增加，有很多的時間學生可以自由支配和利用。這些現象很容易使學生產生「學習太無聊」的錯覺，放棄了對自己的嚴格要求和主動努力。

事實上，在學習等各個方面產生倦怠心理的大學生相較來說還是比較多的，並不局限在新生範圍。受中小學時所形成的依賴性學習心理的影響，很多的高中生靠老師的指導來學習的依賴性很強。他們沒能及時轉變學習方式和思維方式，甚至沒有學習上的自覺性和主動性，因此影響了正常學習。

自覺性和主動性是掌握知識的前提，如果一個人的自覺性和主動性比較強，僅僅是缺乏某一方面的知識，並不會影響他的最終成就，但若缺乏自覺性和主動性的學習能力，對一個人未來的影響將會大得多。然而，自覺性和主動性的學習能力是在掌握知識的過程中發展起來的，在現代社會裡如果沒有一定的知識，就不容易找到發揮自己能力的機會，所以，高中生應該側重於把學習知識與提高自覺性和主動性的培養結合起來。

【心靈點燈】

要克服學習倦怠就要注意身心健康。學習倦怠不僅降低了學習效率，而且還會影響情緒和心境，所以，對於學習倦怠要積極應對。

一、以興趣為動力

有些學生並不喜歡自己所學習的全部的科目，發現事與願違時產生了失落感甚至怨恨心理。其實興趣是可以慢慢培養的，不能操之過急，先調整一下自己目前的學習目標，減弱自己的失望感和不滿情緒，再瞭解所學科目的學科發展的現狀和實際應用的情況，發現新的興趣點，學會對自己的選擇負責、為自己的時間負責，在這一個過程裡成長、成熟。

【故事說明】

甲、乙、丙、丁是四個最幸運的年輕人，他們得到上帝的垂青，可以搭上「願望列車」，去選擇自己的將來。「願望列車」有四個停靠站，分別是金錢站、親情站、權力站、健康站。甲、乙、丙、丁可以選擇在任何一個車站下車。他們選擇了哪個停靠站，經過努力後，在這方面的發展會特別的順利和成功，而其他方面則會相應的失敗一些。

於是，四個人帶著自己的追求做出了自己的選擇。甲在「金錢站」下了車，乙在「親情站」下了車，丙在「權力站」下了車，丁在「健康站」下了車。

三十年過去了，甲、乙、丙、丁四個人不約而同的來找上帝傾訴。

甲說：「謝謝上帝，我現在非常有錢，富可敵國。可是年輕時為了賺錢，我透支了

青春，現在身體總有這樣、那樣的毛病；常年經商在外，冷落了妻子，她離我而去，也疏忽了對兒子的管教，兒子好吃懶做，成了扶不起的阿斗。我覺得很不幸，能否用我的錢把這些幸福買回來？」

乙說：「我很幸福，父母長壽，妻子賢慧，兒女孝順，有一個和諧美滿的家庭。可我的煩惱也挺多，父母至今還沒有外出旅遊過，妻子還沒有享受過戴鑽戒的快樂，兒女的工作不是很好，而且他們結婚、買房都欠了很多錢。我能用親情換一些金錢和權力嗎？我想讓家人更加的幸福。」

丙說：「我有許多權力，人家當面說的全都是讚美、討好的話；背後卻是惡語謾罵，到處挑我毛病，別人請吃飯，不去不行，因為他們會說你有點權力就擺架子。堅持原則辦事，親戚會說你六親不認。朋友會說你不講義氣；但徇私舞弊，心裡不踏實，最後又會進監獄。我多想擁有健康和親情呀！」

丁說：「我身體健康，從沒有去過醫院，別人都非常的羨慕。可我的妻子卻說我不求上進，不懂得拚命，沒有魄力，像一頭豬一樣的活著，永遠也過不上開賓士、住別墅的日子。為此，我常常煩惱。我能不能用我的健康換一些錢和權力來呢？」

上帝看了看四位，指了指天空自由飛翔的小鳥，又指了指籠中歡快跳躍的小鳥說：「人其實就像小鳥，天空小鳥的快樂，在於牠選擇了自由，牠選擇了與生活中的困難作鬥

爭，在於牠自己對艱辛有著獨特的品味。籠中小鳥的快樂，在於牠的豐衣足食，牠輕鬆安逸的在籠子裡生活著，在於牠有牠自己的另一種自由感悟。」

既然做出了選擇，就要在選擇中品味和感悟。人生沒有後悔，有的只是需要你抬起頭來，積極的向前走。

二、化繁為簡，降低自我期望值

士兵應該爭當將軍，否則不是好士兵；學生應當爭第一，否則不是好學生。但是，機會是有限的，只要盡力了就可以了，當上將軍的士兵固然是好士兵，不想當將軍而只想當個好士兵的士兵也是好士兵。學生應該學會把大的學習目標分解為小的學習目標，降低實現目標的難度，增強完成目標的緊迫感。

三、勞逸結合，注意休息

學習時間的間隔要依個人的情況而定，不到休息時間盡量不休息。大腦工作的能量源是氧，當大腦長期缺氧時就會容易導致學習倦怠，所以一定要合理的用腦、勞逸結合。

另外，休息時可以建議選擇活動身體，如快步走、深呼吸、做體操、聽音樂、唱唱

歌、說笑話等，促進大腦吸氧。調整自己的作息時間，不過分沉溺於遊樂。倦怠，總是讓人沒有精神，想睡覺，其實身體並不疲勞，適當的讓身體累一些，反而讓人更有活力，思維也會更清晰。

【故事說明】

博士乘船過河，在船上與船夫閒談。

「你會文學嗎？」博士問船夫。

「不會。」船夫答道。

「那麼歷史呢？」博士又問。

「也不會。」船夫說。

「那麼地理、生物、數學呢？你總會其中的一樣吧。」

「不，我一樣也不會。」

博士於是感嘆起來：「一無所知的人生啊，將是多麼可悲！」

正說著，忽然一陣大風吹來，河中心波濤滾滾，小船危在旦夕。

於是船夫問博士：「你會游泳嗎？」

博士愣住了：「我什麼都會，就是不會游泳。」

話還沒說完，一個大浪打來，船翻了，博士和船夫都落入了水中。船夫憑著自己熟練的游泳技術救起了奄奄一息的博士，這時他對博士說：「我什麼都不會，可是沒有我，你現在早已經淹死了。」

如今，多元化的社會既需要有專門知識的人，也需要博學多識之人。當一個人當不了通才時，還不如像船夫那樣學一門實實在在的專業技術。

四、提高人際交往能力

在實際的學習和生活中，無論有多麼強的能力、多麼好的條件，如果沒有良好的人際關係，既無法取得成功，也不會得到生活的幸福和身心的健康。因此，更需要注重人際交往的品質。人們學習知識進入社會，瞭解自我，獲得新生和愛情，都是在人際交往中發生的。沒有人際交往，人就無法生存。

五、提高學習注意力

注意力不集中有時是壓力過大。想要提高學習的注意力一定要明確自己的學習取向：目標就如同一個長途跋涉的人的目的地，有了目標，走起路來才有方向、才不會盲目，學習上更知道自己想要什麼，然後集中精力去做一件事，如果什麼都想要，同時做許多事，精力分散，最後什麼將也做不好，什麼都得不到。

「這不是我以前的學習成績呀」——學習挫折心理調節

謹記：人在遭到挫折之後，善於將不良情緒導往比較崇高的方向，使其得到昇華，這是最為積極的辦法，就能像無俗話說的一樣：「失之東隅，收之桑榆」，在挫折面前，用理智來駕馭惡劣情緒。

【原音重現】

趙一鳴，高一學生

「我在國中時各門功課一直不錯，但進入高中後，第一學期的期末考試數學僅得七十分，我的內心受到極大的打擊」

「因為數學一直是我的強項，從沒低於九十分……」

「自從那次期末考試後，我感覺自己就像變了一個人。過去的我，樂於助人、熱情開

朗，可現在的我，變得整天悶悶不樂。」

「奇怪，我為什麼總感到周圍的同學在嘲笑我呀？我現在還動不動就發脾氣。有幾次，同學叫我一起去看電影、看足球賽什麼的，這都是我從前熱衷的事情，可現在我卻全部拒絕了同學的邀請。我現在總想把自己鎖在屋子裡，甚至不願和老師、同學接觸。」

「我剛進高中時，充滿了自信，但很快的發現一度備受老師寵愛和同學欽佩的自己，不再像以前那麼引人注目了，班裡同學都是來自各學校的優秀生，自己在裡面只是普通一員。雖然還沒有什麼失敗，卻已經感覺到了從沒有過的挫折感和失落感。」

【案例講評】

這位學生在心理上不能接受自己不是最優秀的事實，不再是眾星捧月的焦點，他的挫折感是因為心理需要的滿足程度的反差所導致的心理失落感。

美國著名心理學家威廉・詹姆斯指出：挫折，是對人們精神上的一種打擊。個體在遭受挫折後，會引起生理上和心理上的反應，只是在同樣的條件下，每個人對挫折反應的形式不同、強度不同、時間不同。然而，不論挫折反應的個體差異如何，所有對挫折的情緒和行為的反應都是為了擺脫挫折給自己帶來的心理煩惱、減少內心的衝突與不

安。學習挫折是一種主觀感受，主要受個體承受力的制約。那些因學習遇到挫折而苦悶、煩惱的學生，只有振奮精神，正視自己的失敗，找出問題的癥結所在，才會有戰勝挫折的力量。

美國心理學家羅特在他的人格理論中將人們對影響自己成敗的因素的看法稱為「控制點」，這個控制點在個人行為中所起的作用很大。每個人對際遇都有自己的看法，這就造成每個人的控制點的差異。受挫後，應該從動機、期待目標和行為結果來客觀的分析原因。

【心靈點燈】

對於學習挫折，有的人因為對挫折缺乏心理準備，而產生嚴重的心理失衡，影響正常的生活和身體的健康；有的人卻能夠正確認識挫折，把它當作是一次教訓或轉折，很快便能從中振作起來。那麼，高中生應該怎樣有效改善自己的學習挫折感呢？

一、重新認識自我

重新認識自我，分析自己的長處和弱點，積極調整自己過分自信的心態，調整學習取向，確立正確的人生目標；正視現實，不沉溺於幻想與失落之中，對文理科的選擇要

有一個正確的認識與評估。

【故事說明】

有這樣一個男孩，他從小就是一個注重平衡發展的學生。他的每一科成績都維持在中上等，運動也在行，但還稱不上明星球員，頗有創作天分，但若要作個真正的藝術家，卻不怎麼熱衷，在考大學時，他的語文成績幾乎與數學成績不相上下。

在他讀大一時，所選的全是理科課程，還打算主修理論物理。（他那望子成龍的父親是個很實際的人，他說，學物理可以，但是理論兩個字要去掉）

一年後，做兒子的發現，物理學動人之處在於抽象的部分。

父親的憂慮並沒有維持多久，兒子到了三年級時又有了新想法，他雖然喜歡數學的井然有序，但受不了那冰冷的感覺。於是又決定改攻讀藝術。（這時，素來實在的父親禁不住自問：「我們到底是哪裡錯了？」）

好不容易，錢也花了，時間也付出了，這位年輕人終於達到目標，成為了建築師，從此再也未改變過志向。而且做的有聲有色。

雖然他的父親曾一度絕望，認為這個兒子怎麼都不成材，但事實上，這個孩子行動大膽而明智，他好不容易才發現自己真正的性格與才華，然後選定一個行業，從

一而終。

物理學給他物理結合的原理，數學給他度量與秩序感，而藝術則造就他的眼光與靈巧的雙手。

也許你會憂慮的問：如果十八歲尚未決定將來是否要學法律，或者在大一未修完企業管理研究所必備的學分，那這一生是不是就沒指望了？請看看上面的故事，這些憂慮事實上是杞人憂天，因為根本沒有人能在十七八歲做好決定，為自己的一生定好方向，即便勉而為之，也是利少弊多。

活到老，學到老。挖掘個人潛能，才是終生事業。

二、坦然面對挫折

在這裡要分成兩個步驟進行：第一要看自己的目標是否過大，與自己的能力是否不相匹配；過大的目標，即使再努力，也只能以失敗告終，這就需要把大目標改成易於達成的階段性小目標。

第二要看自己達到目標的方法是否合理，有正確的途徑和好的方法，就能夠事半功倍，因此選擇方法很重要，如果探索方法不當，應立即改弦更張，不要固執己見而坐失良機。適時調整認知，對自己好一點。在學習上自己並不會有什麼真的失敗，就算不能

考第一，「山外有山，人外有人」，也只是證明自己長大了，生活圈子大了，這是對自己的考驗。成功者之所以成功就在於他們對待挫折的態度。

【故事說明】

大學畢業時老教授問了學生這樣一個問題：

「當狂風暴雨來臨，土石流滾滾而下的時候，你正好站在一座大山腳下，這時你是向風雨猛烈的山頂跑呢，還是迅速向平坦的窪地撤退？」

「當然是向平坦的窪地撤退了。」學生們不假思索的回答。

「錯。」老教授平靜的說。接下來，老教授講的話讓同學們恍然大悟。

如果向平坦的地方跑，你跑得再快也不可能快過山洪暴發所引起的那一瀉千里的泥沙石塊，這些泥沙石塊隨時都有可能將你悄無聲息的埋沒。

如果你繼續向山頂攀登，向上跋涉，雖然這樣很緩慢，但至少山頂是沒有土石流的，這樣你就少了一份危險，你等於是在為自己創造一個安全的環境，是在一步步的向生的希望邁進！不管是什麼樣的困境，你都要邁向風雨。有時看起來比較困難的方法往往又是成功的捷徑。

三、認真分析挫折

反省自己的挫折反應出自於何種心理。出於防衛心理，則要從自身尋找答案，不能將失敗推脫為個體無法克服或避免的客觀條件的限制；出於補償心理，則要告訴自己盡快回到現實中來，不要用「阿Q精神」麻痺自己，不要生活在「白日夢」中；出於報復心理，則應盡快停止不理智的行為，它是心胸狹窄的表現；出於退避心理，這是弱者的表現，不僅不懂人生道路並非筆直的坦途，更不懂得生活的真正意義。以務實的精神看待失敗，以實幹的精神對待失敗。海明威說：「人可以被擊倒，但不可以被擊垮。」艾科卡說：「有時候一個人的建樹是在逆境中產生的……，在艱難困苦之時，最好埋首工作，將怒火變成積極的行動。」

【故事說明】

在北極圈附近生活著一種群居的馴鹿，每年牠們要在生活區內南北穿越幾百里，以選擇牠們生存的棲息地。當北極圈一帶的冬天到來，冰雪封山時，牠們就要穿越生活區南邊的一條近百米寬的冰河，忍耐著隨時被凍死或餓死的危險越過河去。而河水不結出厚厚的冰的話牠們是過不去的，所以牠們要在寒風中等待著河上結出厚冰。

在這期間，馴鹿們相互依偎在枯草或山岩的縫隙中藏身。也總有一些馴鹿被凍死在

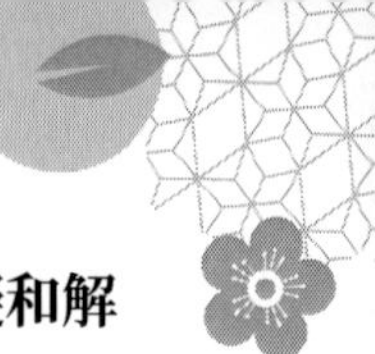

河的北岸。只有那部分的倖存者們踩著冰河，在河的南岸上找到牠們的越冬棲息地。當春天再來，河北岸上牠們原來的生活區裡又泛出綠色時，牠們又得重回故里。但並不完全因為牠們思念這草原，而是因為另一種更殘酷的命運在等待著牠們。

當春天一到，馴鹿們暫時寄居過冬的稀疏草地上，各種猛獸都紛紛從更遠的南方北遷，重回到牠們原來的生活區。所以馴鹿們又不得不穿越冰河，重返自己的家園。這是一種近乎殘酷的回歸。

這條冰河成了馴鹿們生命旅途中唯一逃命的跳板。越不過冰河，牠們就會被那些南歸的猛獸們吃掉，那片草地僅僅是馴鹿們臨時的寄居地。然而，剛解凍的冰河水流湍急，牠們只有踩著漂浮在水流上的一個個大冰塊，順著水流漂回家園。有的馴鹿在河岸上挨不住寒冷被凍死，有的馴鹿從冰塊上滑進水中被淹死，場面極為慘烈。

想想那些馴鹿穿越冰河的場景——牠讓我們難免對生命有一種無言的敬畏，對苦難有一種搏擊的亢奮和喜悅。每每遇到一些挫折和不順時，能告訴自己：還有一線希望！

四、協調人際關係

最大限度的適應環境、調整社會角色、協調人際關係，特別是要處理好知識學習與能力鍛鍊的關係。在掌握學習的前提下，適當的參加一些社會活動，培養健康的業餘愛

好和興趣，避免整天在網咖裡聊天、玩遊戲。慎重交友與戀愛，不要將時間浪費在一些無意義的活動中。將主要精力放在學習上，並在學習中培養興趣，尋找學習的樂趣，才可克服學習挫折心理，順利的完成學業。

【故事說明】

一隻蚌跟牠附近的另一隻蚌說：「我身體裡邊有個極大的痛苦。牠是沉重的，圓圓的，我生病了。」

另一隻蚌懷著驕傲自滿情緒答道：「讚美上天也讚美大海，我身體裡邊毫無痛苦，我裡裡外外都很健康。」

這時有一隻螃蟹經過，聽到了兩隻蚌的談話，牠對那隻裡裡外外都很健康的蚌說：「是的，你是健康的，然而，你的鄰居所承受的痛苦，乃是一顆異常美麗的珍珠。」

生命就是不斷的礪練與成長。承受痛苦，勇於跋涉，生命才更有意義。

五、磨練堅強意志

孟子的「天將降大任於斯人也，必先苦其心志，勞其筋骨，餓其體膚，空乏其身」的話，深刻指出了意志在人生道路上的作用。成就大事業的人必受其意志的考驗。在向目標前進的途中，失敗是常常發生的；學會面對失敗，適當的宣洩是可以的，但是之後，要學會控制自己的不良情緒，多想想如果沒有不如意怎麼會襯托出生活的豐富和生活中的美好呢？轉移注意力，讓自己的心情盡快好起來，並且盡可能的保持一種愉快、舒暢、積極的情緒。

【故事說明】

一九四八年，牛津大學舉辦了一個主題為「成功祕訣」的講座，邀請邱吉爾前來演講。

演講的那一天，會場上人山人海，全世界各大新聞媒體都到齊了。

邱吉爾用手勢止住大家雷動的掌聲，他說：「我的成功祕訣有三個：第一，絕不放棄；第二，絕不、絕不放棄；第三，絕不、絕不、絕不能放棄！我的演講結束了。」說完他就走下了講台。

會場上沉寂了一分鐘後，突然爆發出熱烈的掌聲，那掌聲經久不息。

一個人要一直堅持到最後的確是比較困難的。世界上成功者微乎甚微，平庸者多如牛毛就是最好的說明。成功的祕訣就是如此簡單。因為在這個世界上，真正的失敗只有一個，那就是徹底放棄，從此不再努力。

「如果不用考試了該有多好」

——考試焦慮心理調節

謹記：根據調查，大約有百分之十到百分之十五的學生對考試存在著不同程度的焦慮，特別是學習基礎比較差、性格比較內向、學習方法不夠靈活的學生最容易產生考試焦慮症狀，有的學生還伴有失眠和神經衰弱等症狀。

實際上，焦慮是人的一種正常反應，適度的焦慮反而能激發一個人的內在潛能，當然，凡事要有度，一旦超過一定的程度，那就會走向它的反面。

【原音重現】

黃雨薇，高三學生

「我班上有的同學第一次英語模擬考試的成績就挺好的，還有不少人第二次也順利通過了。」

「而我的英語基礎並不差，一向成績也不錯，就是因為太緊張，既影響了複習，又影響了考試，而且現在是最後的模擬考試機會了！」

「這已經是我第三次參加英語模擬考試了，如果還是無法提升成績，我簡直無法面對真正的考試。」

「我最近這一段時間，只要一看見與英語有關的東西，心裡就緊張，不自覺的皺眉頭，連舌頭都僵硬了，還渾身出冷汗，我被英語考試弄得日夜難眠，有時還莫名其妙的跟周圍的人發火。」

「我現在的學習總是不能集中精神，覺得自己的記憶力也越來越差。」

「我過去會背的單字，會答的題目，現在卻經常出錯，我很擔心這樣下去，最後連走向考場的機會都沒有了。」

【案例講評】

美國著名教育心理學家班杜拉認為，焦慮原則上分為狀態與特質兩種類型。多數學生的考試焦慮是針對考試情境而產生的，屬於狀態型焦慮，只有極少數人的考試焦慮屬於特質型焦慮。過度的考試焦慮不僅妨礙學習、影響考試，也損害身體健康。

無論是狀態型考試焦慮還是特質型考試焦慮，都是由內外因素共同制約所形成的，都是兩者交互作用的結果。所謂外在因素，是指來自外部環境的因素。而所謂內在因素，是指來自學生自身的因素。內在因素由外在因素引起，外在因素需透過內在因素產

生作用。

考試的重要性，使得每個學生都想方設法要通過，若是這位學生以往有過失敗經歷，再次考試容易喚起之前的生理和心理反應的記憶，而且每一次都會像身臨其境一樣，使得心理壓力更大，恐慌更強烈。

【心靈點燈】

應該怎樣有效的降低自己的學習焦慮心理呢？

一、以積極的心態面對焦慮

焦慮本身並不可怕，可怕的是你對待它的態度，就是因為有著「對考試焦慮的焦慮」，結果越怕自己緊張自己越放鬆不下來。考試的情境會使人情緒緊張，這是自然且正常的。

實踐證明，對付考試焦慮最好的辦法是順其自然，改變對考試焦慮的態度，坦然接受考試焦慮，反而可以減輕其程度和危害。實際上，那些大考榜首在面對考試時，也同樣緊張，但是他們把注意力轉移到解題上，慢慢的也就不緊張了，情緒引導得好，考試也容易成功。所以當我們面對考試時應該努力應試，給自己一個成功機會。

【故事說明】

一個靈魂要求上帝賜給他一個最好的「形象」。

上帝回答：「你想做人吧！」

「做人有風險嗎？」靈魂問。

「有，勾心鬥角、殘殺、誹謗、夭折、瘟疫……」上帝答。

「另換一個吧！」

「那就做馬吧！」

「做馬有風險嗎？」

「有，受鞭打、被宰殺……」

他又要求換一個。換成老虎，得知老虎也有風險。再換成植物，瞭解植物也是存在風險。

「啊！恕我斗膽，看來只有上帝您沒風險了，我留下，在你身邊吧！」

上帝冷哼了一聲：「我也有風險，人世間難免有冤情，我也難免被人責問……」說著，上帝順手扯過一張鼠皮，包裹了這個靈魂，推下凡去：「去吧，你做牠正合適。」

風險幾乎無處不在，無時不有。正如歌德的名言：你若失去了財產，你只失去了一點兒；你若失去了榮譽，你就丟掉了許多；你若失去了勇敢，你就把一切都失去了！如

果你想得到，那一定要具有勇敢的面對困難的態度。

二、讓自己擁有一顆平常心

要知道考試的根本目的並不是檢驗你的學習成績的高低，而是對你前一段時間的學習方法、學習效果的一種資訊回饋。並不是所有的考試都具有選拔性和競爭性，所以千萬不要把考試的分數看得過重，要用一顆平常心來面對它：一方面，努力複習課程；另一方面，在考試的成績上要求不要過高，要給自己做一下積極的心理暗示，即「發揮正常就好」，不要強求自己。

【故事說明】

一位心理學家想知道人的心態對行為到底會產生什麼樣的影響，於是他做了一個實驗。

首先，他讓十個人通過一間黑暗的房子，在他的引導下，這十個人皆成功的走了過去。

然後，心理學家打開房內的一盞燈。在昏暗的燈光下，這些人看清了房子內的一切，都驚出一身冷汗。這間房子的地面是一個大水池，水池裡有十幾條大鱷魚，水池上

方搭著一座窄窄的小木橋，剛才，他們就是從這座小木橋上走過去的。

心理學家問：「現在，你們當中還有誰願意再次穿過這間房子呢？」沒有人回答。過了很久，有三個膽大的人站了出來。

其中一個人小心翼翼的走了過去，速度比第一次慢了許多；另一個人顫顫巍巍的踏上小木橋，走到一半時，竟害怕的只能趴在小橋上爬了過去；第三個人剛走幾步就一下子趴下了，再也不敢向前移動半步。

心理學家又打開房內的另外九盞燈，燈光把房裡照得如同白晝。這時，人們看見小木橋下方裝有一張安全網，只由於網線顏色極淺，他們剛才根本沒有看見。

「現在，誰願意通過這座小木橋呢？」心理學家問道。這次又有五個人站了出來。

「你們為什麼不願意呢？」心理學家問剩下的兩個人。

「這張安全網牢固嗎？」兩個人異口同聲的反問。

很多時候，人生就像通過這座小木橋一樣，暫時的失敗恐怕不是因為力量薄弱、智力低下，而是來自周圍環境的威懾——面對險境，很多人早就失去了平靜的心態，慌了手腳，亂了方寸。

三、自信心最重要

面對考試要樹立自信心，不要懷疑自己的能力，充分發揮主動性，消除不必要的顧慮和擔憂；考試前要客觀的分析以往考試失敗的經驗教訓，不要否定自我；重新訂定複習方案。主要是找漏補差，以前會做的題目，如果不是碰運氣，那麼就不用擔心，不需要再看了，現在要讀的重點是自己所學過但感到認識不清楚或根本不明白的知識點，要有重點的去複習。

【故事說明】

雨後，一隻蜘蛛艱難的向牆上已經支離破碎的網爬去，由於牆壁潮濕，牠爬到一定的高度，就會掉下來，牠一次次的向上爬，一次次的又掉下來……

第一個人看到了，他嘆了一口氣，自言自語：「我的一生不正如這隻蜘蛛嗎？忙忙碌碌而無所得。」於是，他日漸消沉。

第二個人看到了，他說：「這隻蜘蛛真愚蠢，為什麼不繞到旁邊乾燥的地方再爬上去呢？我以後可不能像牠那樣愚蠢。」於是，他變得聰明起來。

第三個人看到了，他立刻被蜘蛛屢敗屢戰的精神感動了。於是，他變得堅強起來。

同樣是一隻蜘蛛的上爬與落下，三個人的感慨與認知卻不盡相同。但不管發生了什

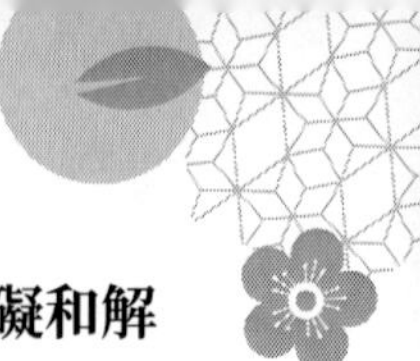

麼，都要有第三個人的心態——擁有成功心態者，處處都能發覺成功的力量。

四、作息時間要安排合理

充足的睡眠在考試之前是非常重要的。臨近考試的一段時間，可以進入一種「假消極狀態」。調整一下自己的生活規律，適當的安排一些時間做自己喜愛的運動，使自己的身心放鬆，心理學家認為這種「假消極狀態」能保證考生有充沛的精力和清醒的頭腦參加考試，有利於發揮自己的水準，有利於激發人的心理潛能。同時，還要加強營養，保持好心情。調整作息，充分運動休息。

【故事說明】

一天，海馬做了個美夢，夢中有七座金山在呼喚牠。為了這個冥冥中的召喚，牠決定去尋找屬於自己的財富，並且變賣了牠全部的家當，帶上了換來的七個金幣。

但是牠覺得自己游得太慢，後來牠看到了鰻魚背上的鰭，於是就用四個金幣買了下來。儘管速度提高了許多，但是海馬還是沒有看到夢中的金山。

半路上，牠又看見了水母的快速滑行艇。為了提高自己的速度，海馬忍痛用剩下的三個金幣買下了這個小艇。這次牠的速度提高了五倍，但是金山還是沒有出現。

一條大鯊魚出現在牠的面前，熱情的說：「要是有我的幫助，你想要多快就有多快。我本身就是一艘風馳電掣的大船，你上船吧！」大鯊魚一臉的友好和善，張開了大嘴。

小海馬高興的說：「謝謝你！我就要找到金山了！」說完就鑽進了鯊魚的口裡……

越是關鍵時刻，越要知道，高壓環境下，盲目求快者，欲速則不達。若是急功近利，不顧自己的實力，必將能源耗盡一事無成。

附：趣味心理測試

你求學的最主要目的是什麼？

A、探索知識，充實自己造福人類

B、擺脫現在的處境，謀求更好的機會地位

C、升學，以滿足父母的期望

D、從未認真想過

答案：

選A的人：是確信知識的價值和力量的人。在這類型的人的心中，有一個「神奇」

的世界在召喚，使其為之激動，為之奮發。人生對於這類型的人來說，是漫漫的征途，而其願意「上下而求索」生有涯而知無涯。

這類型納人有發自內心的求知欲，這種求知欲的程度可以用「如飢似渴」來形容。相信知識是開啟人生一切奧祕的鑰匙，因而渴望能得到這把鑰匙。這種願望是開啟世界上任何一扇大門的原動力。許多聖賢偉人，都是在這種願望的引導下，走上了富有意義的人生大道的。子曰：「吾十五而志於學。」這「志於學」三個字，就包含了這種願望。擁有這種願望的人，求知對於他來說，是自覺自願的行為，雖苦而樂，知識往往使其著迷，他們有足夠的好奇心去探求，也有足夠的耐心去研究，更有足夠熱情和意願，去發現問題和真相。具有這種願望而又能永遠保持約人，一生都將會與求知為伍

選B的人：是很有頭腦的人。許多人由於環境所逼，奮發圖強而一步步走上成功之路。這類型的人讀書的最大目的就是「找出路」，因此，其學習動機是屬於現實考量的類型。這種類型的人學習會有一股韌性和衝勁，不達目的誓不甘休，學習的主動性比一般人要強。具有這種動機的人，一般不在挫折面前心灰意冷，而只要有這股勁，「出路」總會有的。

選C的人：學習動機很一般，對於人生的自我意識還尚在沉睡中，因此仍然是「好寶寶」。來自父母的壓力，既然一直是努力學習的動力，那麼這種動力也正好是自我成長

的阻力。知識對於這類型的人來說，似乎從未顯示過它應有的魅力，因而這類型的人從未領略到知識的真諦，從沒有在知識自身中找到追求和寄託，學習的動力仍然來自父母的期望。這類型的人缺少的是探求的精神和創造的欲望。

選D的人：作家羅蘭說：世上有兩種人。一種人是生來就對一切都提不起勁的，他們活著就是為了過日子，至於為什麼要過日子，他們是不去理解，不去追究的。選擇D答案的人就是屬於這一種類型的人。這類型的人若是一天不解決學習目的這一個根本問題，就一天處在這種狀態之中。這類型的人每天的大部分時間都是在學校度過，但卻不知道學習是為了什麼，他只是依照習慣而學習，而毫無主動性可言。

第四章　重塑自我，彌補人格之黑洞

「重塑自我」並不是要你回去改變生活中真實的自己，而是建議你在自己的內在尋找出口，重塑你內在受到周遭重大影響的部分與回溯童年時重要的原始創傷，釋放當時卡住的生命能量，重新去做更有力的選擇，以此逐步彌補並最終填滿那些極端的、扭曲的人格黑洞。

「我總是逃避，不願接觸他人」——迴避型人格障礙調節

謹記：世界上沒有什麼絕對的事，懦夫並不注定永遠懦弱，只要他鼓起勇氣，大膽向困難和逆境宣戰，並付諸行動，便開始成為勇士。勇者並非凡事都無所畏懼，只是他們對勝利的渴望已經超過了恐懼。

【原音重現】

李欣佩，高二學生

「我現在什麼活動也不想參加，也不愛跟人說話，同學叫我，我都不願意搭理。我不是不想搭理，只是不願應聲，哎，我也說不清楚是怎麼回事。」

「在我們班上，我的演講水準是大家都認可的，但上學期的幾次演講，老師和同學們都鼓勵我參加，我卻一直想逃避。因為，我怕做不好的話，別人會嘲笑我。所以，我還不如不參加比較好。從那以後，一遇到挑戰或是證實自己能力的機會，我就會選擇逃避。」

「有必須參加的活動，我一般也只是躲在一旁獨自待著，而不願多參與。老師和同學們都說我變了，不是以前的那個活力十足的我了，我自己感覺好像也變了呢，好像不認識自己了似的。」

【案例講評】

案例中李欣佩的情況應該是患了迴避型人格障礙。因為她的情況與迴避型人格的特徵、表現非常符合。而迴避型人格的特徵就是自卑感強，行為退縮。他們不安於自己的孤獨，很想與人交往，但害怕被人拒絕或嫌棄；渴望得到別人的關心和體貼，卻害羞而不敢親近。所以，他們從不主動與人交往，也不願意到陌生的環境中去。非常害怕見生人，因而造成孤獨少友，沉默寡言。

據美國著名心理學家布魯姆多年研究發現，迴避型人格形成的主要原因是自卑心理，自卑感起源於人的幼年時期，由於無能而產生的不勝任和痛苦的感覺，也包括一個人由於生理缺陷或某些心理缺陷（如智力、記憶力、性格等）而產生的輕視自己、認為自己在某些方面不如他人的心理。此外，生理缺陷、性別、出身、經濟條件、政治地位、工作公司等等都有可能是自卑心理產生的原因。這種自卑感得不到妥善消除，久而久之就成了人格的一部分，造成行為的退縮和遇事迴避的態度，形成迴避型人格障礙。

值得注意的是，具有迴避型的人並非一無是處，他們常常是內心衝突的優秀觀察者。他們有自強自立的需要，這種需要的一個明確表現是足智多謀。此外，一種更不可靠的維持自力更生的方式是有意識或無意識的限制自己的需要。如果需要依賴別人的話，他寧可放棄快樂。這種人還有一個突出的需要—保護個人隱私。自立自強與保護隱私都是他出自於突出的需要——絕對的獨立，所以，婚姻是令他們恐懼的事，因為這樣必然會捲入人際間的親密關係之中。

迴避型人格的另一特點是有一種追求優越的強烈願望，他渴望成功，渴望成為獨一無二的人。他對未來有豐富的幻想，但又畏懼競爭。在感情方面，這種人表現出壓抑一切感情的傾向，甚至否認感情的存在。由於輕視感情，他們表現出對理性的強調，希望一切都僅憑理性思維得到解決，所以有不少奇思妙想出自於這類人的頭腦。

【心靈點燈】

最重要的還是你怎麼看待這個世界，怎麼看待你的生活。如果你每時每刻想的都是對那些不好事物的無奈、咒罵或恐懼的話，那你就只能被那些事物所折磨。周圍的一切都不重要，重要的是保持真實的自我。所以，不要輕易交出自己，放縱只會墜入深淵，永不見陽光。所以，不要害怕心靈的觸碰，那些觸碰可能正是治療你心靈創傷的開始。

不要逃避現實，要去努力改變。

對於迴避型人格比較嚴重的人，可以從以下幾個方面著手：

一、提高自我評價，增強自信心

生活中，許多人實質上都有一定的潛能甚至才能，只不過自我評價過低，總是覺得自己這也不行那也不行的，自己瞧不起自己，在這種負性的暗示下，以至於在無形中錯失了一次次原本可以成功的機會。非但如此，還可能因此而整天情緒低落，意志消沉，自覺生活在灰暗的天空下，甚至到了興趣越來越狹隘，食慾越來越差，與人交際逐漸減少，走向孤僻與自閉、沮喪、失望甚至絕望的地步。只有提高自我評價，才能提高自信心，克服自卑感。

【故事說明】

有一個窮人，總是覺得自己是世界上最倒楣的人，每天都愁眉苦臉的，抱怨世界對他不公平。有一天，他來到田野間，看見一個瘸了一條腿的農夫，一邊幹著活，嘴裡還唱著歌，十分開心的樣子。窮人覺得不可思議，突然，他發現，原來這世界上還有比他更慘的人，與瘸腿農夫相比，自己並不算太壞。於是，他高興的回到家，開始了他全新

的生活。

誰也不會比誰差多少，關鍵在於你自己對自己的評價，自我評價良好，那你的感覺就是良好的，你的自信心就會增強。

二、進行積極的自我鼓勵

當面臨某種情況感到自信心不足時，不妨自己給自己壯膽：「我一定會成功！一定會的！」或者不妨自問：「人人都自卑，我自卑又如何？人人都能做，我為什麼不能做？我不是也是人嗎？」如果懷著「豁出去了」的心理去從事要做的活動，事先不過多的想像失敗後的情緒，就會產生自信心。

【故事說明】

有位秀才第三次進京趕考，住在一個經常住的店裡。考試前兩天他做了三個夢，第一個夢是夢到自己在牆上種白菜，第二個夢是下雨天，他戴了斗笠還撐傘，第三個夢是夢到跟心愛的表妹脫光了衣服躺在一起，但是背靠著背。這三個夢似乎有些深意，秀才第二天就趕緊去找算命的解夢。算命的一聽，連拍大腿說：「你還是回家吧。你想想，高牆上種菜不是白費勁嗎？戴斗笠撐雨傘不是多此一舉嗎？跟表妹都脫光躺在一張床上

了，卻背靠背，不是沒戲嗎？」秀才一聽，心灰意冷，回旅店收拾包袱準備回家。

店老闆覺得非常奇怪，問道：「不是明天才考試嗎，怎麼今天你就要回鄉了？」秀才如時告知算命先生的話，店老闆樂了：「我也會解夢的。我倒覺得，你這次一定要留下來。你想想，牆上種菜不是高種嗎？戴斗笠打傘不是說明你這次有備無患嗎？跟你表妹脫光了背靠背躺在床上，不正是說明你翻身的時候就要到了嗎？」秀才一聽，更有道理，於是精神振奮的參加考試，居然中了個探花。積極的人，像太陽，照到哪裡哪裡就明亮，消極的人，像月亮，初一十五不一樣。想法決定了我們的生活，有什麼樣的想法，就有什麼樣的未來。

三、按梯級任務訂一個交友任務

一般而言，迴避型人格的人都存在著不同程度的人際交往障礙，因此必須按梯級任務作業的要求給自己訂一個交朋友的計畫：起始的級別比較低，任務比較簡單，以後逐步加深難度。如：

第一星期，每天與同學（或鄰居、親戚、室友等）聊天十分鐘。

第二星期，每天與他人聊天二十分鐘，同時與其中的某一位多聊十分鐘。

第三星期，保持上週的交友時間量，找一位朋友不計時的隨意談心。

第四星期，保持上週的交友時間量，找幾位朋友在週末小聚一次，隨意聊天，或是家宴、郊遊等。

第五星期，保持上週的交友時間量，積極參加各種學術交流、技術交流等。

第六星期，保持上週的交友時間量，嘗試去與陌生人或不太熟悉的人交往。

上述的梯級任務看似輕鬆，但認真做起來並不是一件輕鬆的事。最好找一個監督人，讓他來評定執行情況，並督促你堅持下去。其實，第六星期的任務已超出常人的生活習慣，但作為治療手段，在強度上超出常規生活是適宜的。在開始進行梯級任務時，你可能會覺得很困難，也可能覺得毫無趣味。這些都要盡量設法克服，以取得良好的治療效果。

四、運用反向觀念法

具有迴避型人格的人大都有認知扭曲現象，因此，重點應放在改正認知扭曲現象上。反向觀念法是指與自己原有的不良自我觀念唱反調，原來是自我中心，現在則逐步放棄自我中心，學習設身處地為他人著想；原來個性極端，現在則學習從多方面考察問題；原來喜歡一切都按規則做，現在則應偶而放鬆一下，學習無規則的自由行事。

迴避型人格的人的觀念可能是這樣的：

我必須是出類拔萃的。

我必須萬事謹慎。

少介入他人的事務，以免麻煩。

現在按照反向觀念法，把以上錯誤觀念改變成合理的、健康的觀念，如：

我希望自己是出類拔萃的，只要經過努力，我就會有所收獲的。

我必須做事謹慎、但並不害怕勇敢與進取，即使失敗，也應當作一次有益的經驗。

雖不管他人的閒事，但他人有難，我應當盡力相助。

採用反向觀念法克服缺點可透過自我分析來進行。先分析自己的錯誤觀念，然後提出相反的改進想法，在生活中努力按新觀念辦事。這種自我分析也可以定期進行。認識上的錯誤往往是無意識的，透過自我分析，把無意識的東西上升到有意識的自覺的層次上，對於改進不良心理狀態大有好處。

「我總懷疑別人對我有陰謀」

——偏執型人格障礙調節

謹記：在人生長河中，有時需要堅持，有時則需要放棄。懂得放棄，才會擁有。懂得放棄，縱然會有一點酸、一點苦、一點痛，但更多的是快樂和幸福！什麼都想要，什麼都想得到，那麼結果呢？往往事與願違，什麼也得不到。

【原音重現】

張瑋昌，高二學生

「我現在和室友們的關係很緊張，以前他們總是幫我打掃，現在也不幫了。現在，我一進我們宿舍，我的室友們就都不說話了，好像是故意和我作對似的。我對他們的敵意也越來越大了。」

「他們肯定是有什麼陰謀，想要整我，我得提防著點，這幫傢伙。不知道我怎麼惹到他們了，他們竟如此想整我。要是讓我知道他們的陰謀，看我不給他們好看。」

「沒什麼事時，我也在想，以前我們的關係一直挺好的啊，有說有笑的。互相幫助，

幫忙打掃，拿筆記本和教科書什麼的。遇到什麼事了還彼此提醒呢！現在不知道怎麼了，竟成了敵我相對了。」

「也許是毛病出在我這裡？我也想不明白了。反正我現在特別討厭他們，一點也不想看見他們，一點也不想回自己的宿舍，連教室都不想去了，只想回家好好待著，我覺得這樣挺好的。不然我真的特別煩惱，感覺我的室友現在總是用一種異樣的眼光看我，好像我就是漢奸、賣國賊似的。我真受不了那種眼光！」

【案例講評】

偏執型人格障礙是一種以猜疑和偏執為主要特點的人格障礙。這種人非常多疑敏感，時常懷疑別人不懷好意，或責難別人有不良動機。他們往往自我評價太高，固執己見，缺乏自知之明，嫉妒心十足。他們常感到孤獨、憂鬱、煩悶、有不安全感，並且經常處於一種緊張狀態之中，尋找其偏見的依據。

學生中的偏執型人格傾向主要表現在：對人不信任，傾向於把別人的好意或者中性態度理解成惡意，傾向於追究別人隱藏的動機而不滿足於對別人的行為作常規性的評價，總認為別人對自己「笑裡藏刀、指桑罵槐、殺雞儆猴」，總認為世上好人少而壞人多。行動上過於警惕、保密，甚至採取不必要的防衛措施，總在想辦法考驗別人的忠實與否。

他們的自尊心過強，經受不起一點的批評和挫折，對他人不夠寬容，對同學過分提防，總是封閉自己。對別人的批評、輕視、拒絕等行為，反應強烈而持久。對侮辱和傷害更是不能寬恕，長期耿耿於懷，甚至總想報復，也常常採取報復行為。經常擔心被別人說成道德品格不好而緊張不安。當別人獲得重視、獲得榮譽時，他們感到內心隱痛。一旦自己的地位被別人取代，會表現出強烈的怨恨或委屈，公開抱怨指責別人。不願意與競爭者交往，對競爭者幸災樂禍或者視為仇敵。

他們經常害怕失去自主性，害怕事情會不按他們的想法進行。除非是絕對信任，這種人通常迴避親密關係。經常不參加集體活動，除非自己做領袖，處處表現出自我中心，表現自我的強大。他們通常對機械、電子、自動化感興趣，而對藝術或美學則不感興趣。他們對每個人的權利、地位都十分瞭解、對超過自己的人嫉妒萬分、對才能低於自己的人的蔑視之情也溢於言表。

診斷一個人格障礙患者為偏執型，至少需符合下述項目中的三項：

一、普遍的猜疑，常將他人無意的或友好的行為誤解為敵意或輕蔑，或無根據的懷疑會被別人利用或傷害，過分警惕與防衛；

二、有一種將周圍發生的事件解釋為「陰謀」的不符合現實的先入為主觀念；

三、容易產生病理的嫉妒；

四、過分自負，總認為自己正確而將挫折或失敗的原因歸咎於他人；

五、記恨，對拒絕、侮辱和傷害不能寬容，久久耿耿於懷；

六、脫離實際的好爭辯與敵對，固執的追求個人的權利或利益；

七、忽視或不相信反面證據，因而很難用講道理或事實改變患者的想法或觀念。

偏執型人格障礙需要及早治療，因為處理得不好，病情就會朝向偏執性精神病發展。對偏執型人格障礙的治療往往是心理治療與藥物治療相結合才有所效果。其中，心理治療方法很多。心理醫生用認知心理治療方法，幫助病人認識多疑固執性格的表現，以及它對工作、人際關係和社會適應能力所帶來的壞影響，使病人能認識到自己存在心理缺陷，並使其瞭解人的個性是可以改變的，鼓勵病人改變自己的性格。

雖然偏執型人格傾向具有負面作用，不過，如果從積極方面來看，偏執也是有好的作用的。比如，偏執型的人往往執著，不達目的不甘休，這種特性放在學習上可能能起很好的作用。不過，執著過度，就容易出現問題了。

【心靈點燈】

對偏執型人格障礙的治療，輕的一般以認知提升療法和自我療法為主，即使其首先

認識到自身人格障礙的性質、特點、危害性，使其對自己有一個正確的認識。再逐步在心理醫生的循序漸進的引導下慢慢克服，得以糾正。但對於一些病情較重者，由於已發展至極端，甚至有妄想傾向，則要針對其具體情況輔之以較長時間的具體的心理治療方法。

以下是對偏執型人格的一些調節建議：

一、克服主觀臆斷心理

偏執型心理的特點是偏於一點，只顧及眼前的蠅頭小利，不看長遠。因此，必須培養自己辯證的思考方法，遇事要實事求是而不是憑主觀和隨意的某種感受。

【故事說明】

有隻鳥在天上飛。一位鋤地的農夫嘆氣道：牠真辛苦，四處飛翔為覓一口食。然而，一位依窗懷春的少女也看見了這隻鳥，她嘆氣說：牠真幸福，有一雙美麗的翅膀。

面對同一種境況，不同的人有不同的心情與理解。滿懷熱情，你就會有一種振奮的感覺；失意悲觀，你就會有一種痛苦或失落的感嘆。

當自己的人生理想不能實現，或者見解、行為不為世人所理解時，人們就會迷惘、失意。境由心生。人生旅途中，人們很容易將思維編入既存的框架裡，產生「命中注定」或「無法更改」的慣性思維，然後將自己對人生的夢想和野心一個個拋棄掉。

二、認知調節法

具有偏執型人格的人喜歡走極端，這與其頭腦中的非理性觀念有關聯，因此，要改變偏執行為首先必須分析自己的非理性觀念。

比如：我不能容忍別人一絲一毫的不忠；世界上沒有好人，我只相信我自己；對別人的攻擊我必須立即給予強烈反擊，我要讓他知道我比他更強；我不能表現出溫柔，這會給人一種不堅強的感覺。

現在你需要對上述觀念進行改造，去除其中極其偏激的成分：我不是說一不二的君王，別人偶爾的不忠應該原諒；世界上好人和壞人都存在，我應該相信那些好人；對別人的攻擊，馬上反擊未必是上策，我必須首先辨認清楚是否是真的受到攻擊；我不敢表達自己真實的情感，這本身就是弱者的表現。

每當你又產生偏執的觀念時，就把改造過的合理化觀念默念一遍，以阻止自己的偏激行為。有時會不知不覺的表現出偏執行為，事後應分析當時的想法，找出當時的非理

性觀念，然後加以改造，以防下次再犯。

三、對人、對世界、對生活要充滿愛心

要知道和懂得「尊重他人就是尊重自己」的道理，要懷著一顆感恩的心來面對世界上的一切事物。要懂得「相逢一笑值千金」的道理。要學會向你認識的所有的人微笑。可能開始時你會很不習慣，但做得時間長了，你就會深受其益的。

【故事說明】

記者：「請問你們夫妻相處得這麼好，有什麼訣竅嗎？」
消防員：「我們不讓星星之火釀成大火。」
木匠：「基礎牢靠是根本。」
印刷工：「我們把對方的優點印成書，天天看。」
電工：「時而會有火花爆發，但我們接了安全的地線。」
旅館老闆：「優雅的環境，輕鬆的音樂，舒適的房間」
牙醫：「早上醒來的第一件事及晚上睡前最後一件事——給對方一個動人的微笑。」

長途火車司機：「在枯燥的長途旅行中，不要忘了欣賞沿途的風光。」

而愛神說：「因為有愛。」

儘管每個人對「愛」的涵義和理解有所不同，但任何一種理解都歸納為一句——世界上最偉大的情感。人生中最大的幸福就是知道我們被愛、愛自己也愛別人。

四、對他人要拋棄「敵對心理」

開闊自己的胸襟，拓展自己的視野，改變原有的自私狹隘的自我觀念：經常提醒自己不要陷入「敵對心理」的泥潭中而不能自拔。

五、行為禁止法

在行動上，你可以採用行為禁止法。例如，當你對某一件事忍無可忍即將要發作時，你對自己默念如下指令：「我必須克制自己的反擊行為，我至少要忍十分鐘。我的反擊行為是過分的，在這十分鐘內，讓我立刻分析一下有什麼非理性的觀念在作怪。」

採用這種方法後，不久你就會發現，每次你認為怒不可遏的事，只要忍上幾分鐘，用理性觀念加以分析，怒氣便會隨之消減。不少你認定對你極具威脅的事，在忍上幾分鐘後，你將會發現災難並未降臨，自己只是在捕風捉影罷了。

「什麼事情都聽別人的不好嗎」——依賴型人格調節

謹記：這個世界不是誰因為誰而活著，沒有誰就活不下去。遇到事件不要第一時間的就去問對方要怎麼做，先自己想一下可不可以自己解決。這就是最簡單的自立的辦法。別人的幫助以及別人的意見，那只是輔助作用。其實最有效最重要的還是要自己去面對。

【原音重現】

劉藝真，高二學生

「為什麼會這樣呢？我該怎麼辦呢？」

「其實，我也不知道我是不是有點依賴的性格。我一向都是這樣的啊！我也不知道怎麼回事？我從小到大都是這樣的，我從來都對別人沒有什麼意見，別人說什麼我就聽什麼。」

「有時候心裡就算不願意，也會聽別人的意見去做。媽媽和親戚朋友都說我很乖的。

媽媽讓我學文科我就學文科。我覺得這樣很好啊。媽媽開心，我也開心。」

「是啊，很多人都說我雖然讀高中了，可是還像個小孩。對，我表哥就說我根本就是個小孩，什麼都不會自己想，很煩人。老師，我真的很煩人嗎？」

「我在家裡都是聽媽媽的，媽媽總是會為我安排好一切；在同學中，我也總是充當聽眾的角色，而且我每做什麼事，都需要拉同學陪伴，上課、吃飯或是做別的事，如果沒有人跟我一起，我就會覺得很不安全。」

【案例講評】

美國著名心理學家荷妮提出了著名的神經官能症人格理論，歸納了三種精神官能症的人格類型：依從型、攻擊型和離群型。荷妮在分析依賴型人格時，指出這種類型的人有幾個具體的表現特徵：

一、深感自己軟弱無助，有一種「我很渺小可憐」的感覺。當要自己拿主意時，便感到一籌莫展，像一隻迷失了港灣的小船，又像失去了生母的灰姑娘。

二、理所當然的認為別人比自己優秀，比自己有吸引力，比自己能幹。

三、無意識的傾向於以別人的看法來評價自己。

荷妮指出：這類人群的潛意識認為如果自己依從了，別人就不會傷害自己。依賴性

其實在本質上來說就是依賴型人格的具體表現。如果依賴性過強，而且總是以這種單一的方式來應付生活問題，那麼這種應付方式就變成了問題，當事人反而變得無法解決問題了。

依賴型人格的處世方式使得他們越來越懶惰、脆弱，缺乏創造性和獨立性。由於這類人群處處委曲求全，他們會感到越來越多的壓抑感，這種壓抑感阻止著他們為自己做點什麼或有什麼個人愛好想法和行為。依賴型人格對親近與歸屬有著過分的渴求，這種渴求是強迫性的、盲目的、非理性的，與真情實感無關：依賴型人格的人寧願放棄自己的個人趣味、人生觀，只要他能找到一座靠山，時刻得到別人對他的體貼與愛護就心滿意足了。

劉藝真離開家的學習環境要求她必須具有自理能力，而在心理上的依賴性有時候會使她覺得痛苦，因為她總是不由自主的要去附和別人，總是不能自己做決定，需要拿別人的標準來評價自己。類似劉藝真的依賴型性格的人，他們對於自己的未來缺少方向和目標，假如任其發展下去，必然會發展成為依賴型人格障礙。

【心靈點燈】

針對依賴型人格的人群，讓他們逐步在心理醫生的引導下循序漸進的進行治療，是

可以得到糾正的。以下是對依賴型人格的一些治療建議：

一、重建勇氣

你可以選做一些略帶冒險性的事，每週做一項，例如：獨自一人到附近的風景區做短途旅行；獨自一人去參加一項娛樂活動或一週規定一天「自主日」，這一日不論什麼事情，絕不依賴他人。透過做這些事情，可以增加你的勇氣，改變你事事依賴他人的弱點。

二、消除童年不良印跡

依賴型的人缺乏自信，自我意識較低，這與童年時期的不良教育在心中留下的自卑痕跡有關。你可以回憶童年時父母、長輩、朋友對自己說過的具有不良影響的話，例如「你真笨，什麼也不會做」、「瞧你笨手笨腳的，讓我來幫你做」等，你把這些話語仔細整理出來，然後一條一條加以認知重構，並將這些話語轉告給你的朋友、親人，讓他們在你試著做一些事情時，不要用這些話語來指責你，而要熱情的鼓勵、幫助你。

【故事說明】

在一個偏遠、封閉的小鎮只能收聽兩個電台：第一個電台專門廣播名人消息、或是熱門歌曲排行榜，它的收聽率相當高；第二電台則是氣象專業電台，它的聽眾只有一小群人。

一天晚上，氣象電台發出緊急警告：一個威力驚人的「龍捲風」將在午夜來襲本鎮，電台呼籲鎮民立即疏散他處。這一小群聽眾立刻組織起來，有的去找鎮長，有的到街上敲鑼打鼓，有的打電話給第一個電台，請求播出龍捲風消息，好保存大家的性命。鎮長說：「本鎮從未有過龍捲風，龍捲風的消息一定是氣象電台誤報或捏造，為的是提高收聽率。」敲鑼打鼓的人則被視為瘋子。而第一電台則以現場正在訪問名人為由，不肯插播這一條「關乎生死存亡」的消息。

午夜過後，小鎮被夷為平地，沒有人知道這塊地曾經是一個小鎮。

有時候，我們習慣於被別人的看法左右，常常有他人如何我就如何的想法。其實，這種惰性往往會把我們帶進認知的誤解，而和他人一起遭到不幸。

三、從小事中改善隨大流的意識，逐步建立決策意識

例如某一天按照自己的意願穿鮮豔衣服去上課，那麼以後就堅持穿鮮豔衣服上課，

而不要因為別人的閒話而放棄，直到自己不再喜歡穿這類衣服為止。這些事情雖然很小，但正是改正不良習慣的突破口。

【故事說明】

當兵一個多月，還從沒出過營門，一聽說要去查看幾十里外的城市，把大家樂得跟過年似的。只有小李，一聲不響的坐在床上，呆呆的看著大家忙碌著要出發。班長見了，催促道，小李，還不快準備一下，馬上要集合了！小李應答一聲，站起身，東瞅瞅西瞧瞧的想準備個什麼，可是雙手依舊空虛的垂掛著，沒一點忙碌的意思。你怎麼了小李，是不是不想走啊？班長吆喝道。小李一下接過話來，是不是可以不去的，班長？

班長看了小李一眼，你是不是不想去啊？小李點點頭，如果可以不去我就不去了，一邊說一邊不安的搓著手。為什麼？班長走過來。小李低下頭，沉默了許久才說，我沒錢，去城裡沒有意思。班長說，沒錢去看看也好嘛。不想看呀？小李說，光看有什麼意思呢？班長說，你想好了，進回城可不容易，不是想去就能去的，過了這村沒這店了！小李說，想好了，不去！看了看班長又說，如果規定要去我就去。班長說，那倒沒規定，你自己決定吧，要去就趕緊準備一下，不去就算了！小李說，決定了，我不去。

對於有些小事既然自己已下了決定，就堅決執行，不要隨波逐流，也不要後悔。不

要小看這些小事，如果能常常很快的做出決定，反而可以鍛鍊自己的思維獨立性。

四、強化自我參與決策的獨立意識

例如，在訂學習計劃時，你聽從了同學的意見，但對這些意見你並不認同，便應該把自己不認同的理由說出來，說給你的同學聽。這樣，在學習計劃中便加入了你自己的意見，隨著自己意見的增多，便能從聽從別人的意見逐步轉為完全自己作決定。

【故事說明】

一個士兵騎馬給拿破崙送信，在到達目的地之前猛然跌了一跤，那馬就此一命嗚呼。拿破崙接到了信後，立刻寫了回信，交給那個士兵，吩咐士兵騎自己的馬，迅速把回信送去。

那個士兵看到那匹強壯的駿馬，身上裝飾得無比華麗，便對拿破崙說：「不，將軍，我是一個平庸的士兵，實在不配騎這匹華美強壯的駿馬。」

拿破崙回答道：「世上沒有一樣東西，是法蘭西士兵所不配享有的。」

世界上到處都有像這個法國士兵一樣的人！他們以為自己的地位太低微，別人擁有的種種幸福是不屬於他們的。他們認為自己是不能與那些偉大人物相提並論的，是不配

享有別人的幸福的。你有過這樣的想法嗎？

沒有一樣東西是你不配享有的。只要對自己充滿無可限量的信念，就能在你身上產生自信。一個人如果在表情和言行上時時顯露著卑微，不信任自己，不尊重自己，那麼這種人自然得不到別人的尊重。

五、暗地控制法

是指在別人要求的行為之下增加自我創造的色彩。例如，你從同學的暗示中得知她喜歡看書，你在生日的時候送她一本書，似乎有完成任務之嫌。但這類事情的次數逐漸增多以後，你會覺得這樣做也會給自己帶來快樂。你如果主動提議帶同學去郊外旅行，或帶朋友去家鄉做客，就證明你的自主意識已大為強化了。

「我真的给別人造成傷害了嗎」

——被動攻擊個性調節

謹記：有這樣一種性格特質的人，他內心充滿敵意和攻擊性，外表卻總是表現得唯

唯諾諾，但背地裡卻會不予合作，經常滿腹牢騷但心裡卻又十分依賴權威，這即是被動攻擊個性。

表面來看，被動攻擊是一種「生存智慧」。不過這種「智慧」會帶來很多負面影響。此種性格傾向容易導致別人以壓迫的方式和自己互動。

【原音重現】

黃修平，高二學生

「我平時沒覺得我哪裡有問題呀！但我為什麼就是總喜歡遲到呀？」

「我還經常忘記老師交代讓我做的事情，事後雖然滿口答應，可是就是無法完成。我究竟是怎麼回事呀？」

「我們班上最近要在校慶上推出一個節目，我會彈鋼琴，正好能派上用場。所以老師就決定讓我表演一個鋼琴演奏的節目。」

「可是我每次排練總是遲到，害得所有人都要等我，演出的排練也因此不能順利進行。」

「老師為此不止一次告誡過我……」

「可是，每被告誡一次後，我不但沒有改正，反而遲到得更厲害了。」

「結果不用我說你也能猜到，老師將我的節目取消了。」

「我這到底是怎麼回事呀？我究竟是怎麼了？」

【案例講評】

如果你仔細觀察，在我們周圍形形色色的人群中，就會發現存在這樣的一種人：他們辦事極其拖拉，沒有時間概念，他們非常喜歡透過讓別人等待來控制人際關係，為遲到編造各種謊言。

這類人群做事總是推託，叫他做事情，即便是一件很小的事情，比如倒垃圾，他們通常是回答得好好的，但往往會拖很長時間也不把這件事情做好，當我們提醒他們時，他們又是會滿口答應，但仍然拖到猴年馬月都沒有做。

他們還會「選擇性遺忘」很多事情。當他們在和人相處的時候，他們表現為害怕親密的關係，如對愛情常有一種恐懼感，老覺得愛情很可能是一種陷阱，總是故意和關係近的人保持距離。

在人際關係中，他們總感覺受到傷害、失敗，感覺其他人總想控制他、對他擺架子，但又對其他人表面上順從。這樣的人好像也說不出有什麼大的不妥，可是有時候又會被他氣得無可奈何。

以上提到的這類人群的個性在心理學上被稱為被動攻擊個性，而這種個性如果比較嚴重的話，就會成為一種人格缺陷，稱之為被動攻擊型人格障礙。這種人格是一種比較隱蔽的人格，擁有這種人格的人，表面上顯得很謙卑、很順從，在很多方面，都比鈫被動，有點逆來順受的感覺。別人常說「這種人沒脾氣」，他們常常被別人描述為大好人。

美國心理學家賴特納．韋特默認為：在現實生活中，這種被動攻擊型人群的行為方式，還有另一層面的作用，就是消極抵抗。他們常用的方式，就是沒有反應：其實，沒有反應，就是一種最明確的反應，它可以代表厭惡、拒絕、蔑視等負面情感，這是一種無聲但又十分有效的攻擊手段。「被動攻擊」一詞，就是由此而來的。

我們應該承認，被動攻擊也是一種生存智慧。不過這種智慧會帶來很多負面影響。首先，這些人意識不到，別人的主動和自己的被動，不一定是別人壓迫自己的結果，而有可能是自己的性格傾向，導致別人以壓迫的方式和自己互動；他們意識不到，被動中也蘊涵著攻擊，有時候，甚至是致命的攻擊；他們也難以察覺，他們能從被動攻擊中獲得好處——贏得同情、獲得聲援、將別人置於被告和施虐者的位置。

【心靈點燈】

以下是對被動攻擊型人格的一些自我修復建議：

一、認真對待他人的要求

面對他人的要求要明確的提出自己的要求，並要求對方明確的回應：清楚的知道你想要什麼？多用「我」字開頭，避免泛泛而談。特別注意要指出對別人哪些地方不喜歡，哪些地方是喜歡的。無論何時當你沒有得到清楚、直接的答案時，就再問一遍，但不要怒氣衝衝的問。

【故事說明】

一把堅實的大鎖掛在大門上，一根鐵桿費了九牛二虎之力，還是無法將它撬開。鑰匙來了，他以瘦小的身子鑽進鎖孔，只輕輕一轉，那大鎖就「啪」的一聲打開了。

鐵桿奇怪的問：「為什麼我費了那麼大力氣也打不開，而你卻輕而易舉的就把它打開了呢？」

鑰匙說：「因為我最瞭解他的心。」

每個人的心，都像上了鎖的大門，任你再粗的鐵桿也撬不開。唯有關懷，才能把自己變成一把細膩的鑰匙，進入別人的心中，瞭解別人。

二、對己真誠

在任何情況下，確定你真正的需要和欲望。確定自己的極限。你需要確定兩種行為極限：什麼樣的行為是你可以忍受的？什麼樣的行為是你願意做的？要記住，你對別人的期望，也會是別人對你的期望。

三、就事論事

關注此時此刻發生的事情。不要把陳年舊帳翻出來，也不要盯著遙遠的未來。有時候要做出合理的讓步，並為可能帶來的結果做好準備。

【故事說明】

古代有位老禪師，一天晚上在禪院裡散步，發現牆角有一張椅子。心想：這一定是有人不顧寺規，越牆出去遊玩了。

老禪師搬開椅子，蹲在原處觀察，沒多久果然有一位小和尚翻牆而入，在黑暗中踩著老禪師的後背跳進了院子。

當他雙腳落地的時候，才發覺剛才踏的不是椅子，而是自己的師傅，小和尚頓時驚惶失措。

但出乎意料的是，老和尚並沒有厲聲責備他，只是以平靜的語調說：「夜深天涼，快去多穿件衣服。」

小和尚感激涕零，回去後告訴其他師兄弟，此後再也沒有人夜裡翻牆出去閒逛了。一隻腳踩扁了紫羅蘭，它卻把香味留在那腳跟上，這就是寬容。寬容會使人生得到昇華，在昇華中找到平靜，在平靜中得到幸福。

四、勇敢面對

如果別人傷害了你，告訴他們「我感覺受傷了」。如果其他人說了很愚蠢的話，請對他重複一遍他說過的話，「你剛才說了……」這可以有效的維護你的權力。

附：趣味心理測試

菲爾人格的十項測試題

這個測試是菲爾博士在著名主持人歐普拉的節目裡做的，國際上稱為「菲爾人格測試」，這已經成為很多大公司人事部門實際用人的「試金石」。

菲爾人格的十項測試題如下：

一、你何時感覺最好？

A早晨　B下午及傍晚

C夜裡

二、你怎樣走路？

A大步的快走　B小步的快走

C不快，仰著頭面對著世界　D不快，低著頭　E很慢

三、和人說話時，你會怎樣？

A手臂交疊站著　B雙手緊握著

C一隻手或兩手放在臀部　D碰著或推著與你說話的人

E玩著你的耳朵、摸著你的下巴或用手整理頭髮

四、坐著休息時，你是什麼姿勢？

A兩膝蓋併攏　B兩腿交叉

C兩腿伸直　D一腿蜷在身下

五、碰到你感到發笑的事時，你的反應是怎樣的？

A一個欣賞的大笑　B笑著，但不大聲

C輕聲的咯咯的笑　D羞怯的微笑

六、當你去一個派對或社交場合時，你會有什麼樣的舉動？

A很大聲的入場以引起注意　B安靜的入場，找你認識的人

C非常安靜的入場，盡量保持不被注意

七、當你非常專心工作時，有人打斷你，你會有什麼樣的反應？

A歡迎他　B感到非常惱怒

C在上述兩極端之間

八、下列顏色中，你最喜歡哪一種顏色？

A紅或橘色　B黑色

C黃色或淺藍色　D綠色

E深藍色或紫色　F白色

G棕色或灰色

九、臨入睡的前幾分鐘，你在床上的姿勢是怎樣的？

A仰躺，伸直　B俯躺，伸直

C側躺，微蜷　D頭睡在一手臂上

E被子蓋過頭

十、你經常夢到自己在哪裡？

A落下　B打架或掙扎
C找東西或人　D飛或漂浮

答案：

菲爾測試題得分標準

經過上述十項測試後，再將所有分數相加：

一、A2　B4　C6
二、A6　B4　C7　D2　E1
三、A4　B2　C5　D7　E6
四、A4　B6　C2　D1
五、A6　B4　C3　D5
六、A6　B4　C2
七、A6　B2　C4
八、A6　B7　C5　D4　E3　F2　G1
九、A7　B6　C4　D2　E1
十、A4　B2　C3　D5　E6　F1

菲爾博士的分析

將上述十項測試題的得分相加後，再對照後面的分析：

小於二十一分：內向的悲觀者，你是一個害羞的、神經質的、優柔寡斷的人，永遠要別人為你做決定。你是一個杞人憂天者，有些人認為你令人乏味，只有那些深知你的人知道你不是這樣。

二十一到三十分：缺乏信心的挑剔者，你勤勉、刻苦、挑剔，是一個謹慎小心的人。如果你做出任何衝動的事或毫無準備的事，朋友們都會大吃一驚。

三十一到四十分：以牙還牙的自我保護者，你是一個明智、謹慎、注重實效的人，也是一個伶俐、有天賦、有才幹且謙虛的人。你不容易很快的和人成為朋友，卻是一個對朋友非常忠誠的人，同時要求朋友對你也忠誠。要動搖你對朋友的信任很難，同樣，一旦這種信任被破壞，也就很難恢復。

四十一到五十分：平衡的中庸者，你是一個有活力、有魅力、講究實際，而且永遠有趣的人。你經常是群眾注意力的焦點，但你是一個足夠平衡的人，不至於因此而昏了頭。你親切、和藹、體貼、寬容，是一個永遠會使人高興、樂於助人的人。

五十一到六十分：吸引人的冒險家，你是一個令人興奮、活潑、易衝動的人，是一個天生的領袖，能夠迅速做決定，雖然你的決定並不總是對的。你是一個願意嘗試、欣

賞冒險的人，周圍人喜歡跟你在一起。

大於六十分：傲慢的孤獨者，你是自負的自我中心主義者，是個有極端支配欲、統治欲的人。別人可能欽佩你，但不會永遠相信你。

第五章　衝破藩籬，做真實生活主角

要知道，有些事情是不能勉強的，有時候結局未必完美，有時候努力未必成功；也要知道，有些事情可以不斷嘗試，有些努力即將接近成功，有些選擇不需要完美，最適合自己的才是最好。

所以，要做自己的生活主角，演繹自己的人生精彩，那不妨，衝破自我編織的無形藩籬，去大膽追求夢寐以求的理想人生。

「我的心裡話向誰說？」
——人際孤獨心理調節

謹記：良好的人際關係是集體和個人生存的有利環境，它可以產生合力，使人團結合作，充分發揮群體的效能；形成互補和激勵，使人們互相學習，截長補短，產生向上的積極情緒；促進資訊交流，使人們增加知識和能量，不斷完善和發展自我。

【原音重現】

呂建彬，高一學生

「我是個很內向的人，家在農村，從小因為學習成績好，所以父母就一心一意供我讀書。我也很努力，整天就顧著學習，也不跟其他的同學出去玩。」

「我們村裡的人都說我很乖，不貪玩，學習勤奮。我後來不負眾望，考上了南一中，來到了離家很遠的城市。」

「可是開學後不久，我考上高中的喜悅和興奮就蕩然無存了。對於城市生活我感到很陌生，開始的時候還會小心的向同學提問，雖然同學都會解釋給我聽，但是同學詫異的

反應，比如『你連這個也沒聽說過嗎？』之類的話讓我的心裡很不舒服。後來，我就不敢再問了，與同學也慢慢的疏遠，有時候同學主動邀請我參加一些活動，我也推脫著不去，因為我不想再『出去丟人』了。」

「在那以後慢慢的，我的活動範圍越來越小，從不出校門到不出宿舍，我開始自我封閉起來，同時，我感到我心中的孤獨感也變得越來越沉重起來。我既不敢跟家裡人訴說自己的孤獨，也不知道如何擺脫自己的這種狀況。」

「我現在總覺得跟宿舍和班上的同學無法交流。就連平時吃飯、晚自習都是自己一個人，看著別人三五成群的很是羨慕，而自己的心事和壓力卻越來越大，總是感到很孤獨，後來發展到不想去上課，不想見人，每天就在宿舍裡面看書、睡覺，餓了就隨便吃點東西，幾乎足不出戶，最後還想要退學回家。」

【案例講評】

心理學上也把孤獨定義為個人對自己與社會交往數量的多少和品質好壞的感受。也就是說，孤獨是一種個人感受。這就可以幫助我們理解，為什麼有些人有很多的朋友和交往對象，可是仍然覺得沒有人能夠理解自己，時常陷入一種與世隔絕、孤單寂寞的情緒中。而有些人雖然不喜歡交際，喜歡遠離人群，交際活動雖然不多，可是他自己卻滿

足於這樣的交際情況，自得其樂，並不會顧影自憐。這就證明了心理學上所說的孤獨是一種個人感受。

有些學生感到他們沒有什麼朋友，也不知道該怎麼去與人進行深入的交往，他們很羨慕那些能在一起學習、玩樂的同學，可是不知道為什麼自己就是不能夠擁有這樣的快樂。有些學生在大家的眼裡也是很不錯的人，也有人願意跟他交往，而他在日常生活中也有不少的朋友，可是他們總是說沒有人能夠理解自己，總是產生一種孤獨的恐懼。有些學生總感到：不知道為什麼在中學讀書的時候還有很多的好朋友，可是上了高中以後，卻找不到這樣的朋友了，好像大家都各忙各的，自己也不知道該怎麼樣去建立新的友誼。好像上高中以後，活潑開朗的自己就陷入一種孤獨寂寞的境況中了。

呂建彬的情況是很典型的人際孤獨。他本身的性格就比較內向，而長期只關注學習，忽略了跟同伴的交往更是加重了他的內向性格，也使他沒有機會學習到交際技能和體驗到成功的人際交往。所以在上了高中以後，他不知道該如何在一個新的環境發展自己的人際圈子，也不知道如何跟同學打交道，自卑也是使他產生退縮、越來越孤獨的原因之一。

美國心理學家班杜拉指出：孤獨感是因離群所產生的一種無依無靠、孤單煩悶不愉快的情緒體驗。它是人存在的感受標誌。只要有自我意識，就會有孤獨感的體驗。只有

當一個人的孤獨感特別嚴重，並且長期存在，同時影響了正常的人際交往和學習工作，才是屬於病態的心理，才需要尋找心理諮詢的幫助。

【心靈點燈】

那麼，正在對自己的孤獨感憂心重重的學生們應該怎樣合理的對自己的孤獨感進行調試和處理呢？

一、自信訓練法

讓當事人進行自信訓練，增強當事人的自信心。自信訓練可以幫助當事人正確、適當的與人交往，有效的表達自己的情緒情感，具有自信、自立的態度。在個案中，當事人的孤獨感很大部分是由於他的自卑和缺乏人際交往技巧所造成的，所以，對他進行自信訓練是很合適的。針對當事人不敢詢問同學自己不懂的事情，怕被別人笑話自己土氣和沒見識，需要讓當事人意識到這只是因為環境不同而造成的，並不是他本身的問題，透過詢問別人，可以更快的融入新的環境，適應新的環境。

教會當事人一些問話的技巧，比如說「你能不能告訴我電腦怎麼操作呀？我以前沒有見過」。當在別人的幫助下學會後，可以跟別人說：「謝謝你啊。我也學會了，真好。

來了學校以後學到了很多新東西。」

【故事說明】

有一位頂尖的雜技高手。一次，他參加了一個極具挑戰的演出，這次演出的主題是在兩座山之間的懸崖上架一條鋼絲，而他的表演節目是從鋼絲的這邊走到另一邊。

雜技高手踏上懸在山上鋼絲的一頭，然後注視著前方的目標，並伸開雙臂，慢慢的挪動著步子，終於順利的走了過去。這時，整座山上響起了熱烈的掌聲和歡呼聲。

「我要再表演一次，這次我要綁住我的雙手走到另一邊，你們相信我可以做到嗎？」雜技高手對所有的人說。我們都知道走鋼絲靠的是雙手的平衡，而他竟然要把雙手綁上。但是，因為大家都想知道結果，所以都說：「我們相信你的，你是最棒的！」雜技高手真的用繩子綁住了雙手，然後用同樣的方式一步、兩步終於又走了過去。

「太棒了，太不可思議了！」所有的人都報以熱烈的掌聲。但沒想到的是雜技高手又對所有的人說：「我再表演一次，這次我同樣綁住雙手然後把眼睛也蒙上，你們相信我可以走過去嗎？」所有的人都說：「我們相信你！你是最棒的！你一定可以做到的！」

雜技高手從身上拿出一塊黑布蒙住了眼睛後用腳慢慢的摸索著鋼絲，然後一步一步的往前走，所有的人都屏住呼吸為他捏一把汗。終於，他走過去了！表演好像還沒有結

束，只見雜技高手從人群中找到一個孩子，然後對所有的人說：「這是我的兒子，我要把他放到我的肩膀上，我同樣還是綁住雙手蒙住眼睛走到鋼絲的另一邊，你們相信我嗎？」

所有的人都說：「我們相信你！你是最棒的！你一定可以走過去的！」

「真的相信我嗎？」雜技高手問道。

「相信你！真的相信你！」所有的人都說。

「我再問一次，你們真的相信我嗎？」

「相信！絕對相信你！你是最棒的！」所有的人都大聲回答。

「那好，既然你們都相信我，那我把我的兒子放下來，換上你們的孩子，有人願意的嗎？」雜技高手說。

這時，整座山上鴉雀無聲，再也沒有人敢說相信了。

現實中，許多人說：我相信我自己，我是最棒的！當我們在喊這些口號時，我們是否真的相信自己？我們會不會遇到一點困難，就忘掉剛才所喊的這句話呢？

二、提高對自我及人際孤獨症認知水準

從認知上消除當事人對於孤獨和自己的病症的恐懼和疑慮，讓當事人清楚自己的孤

獨並不是絕症，不必那麼灰心，先打消當事人的消極念頭。要讓當事人知道孤獨是人類存在的感受標誌，它並不一定是絕對有害的。適當的孤獨並不會對人的心理造成危害，而真正危害心理健康的是對孤獨的恐懼。

【故事說明】

在夏日乾旱的非洲大陸上，一群飢渴的鱷魚身陷在水源快要斷絕的池塘中。較強壯的鱷魚開始追捕同類來吃。物競天擇、強者生存的一幕幕正在上演。

這時，一隻瘦弱勇敢的小鱷魚卻起身離開了快要乾涸的水塘，邁向未知的大地。

乾旱持續著，池塘中的水愈來愈渾濁、稀少，最強壯的鱷魚已經吃掉了不少同類，剩下的鱷魚看來是難逃被吞食的命運。這時仍不見有別的鱷魚離開。在牠們看來，棲身在渾水中等待遲早被吃掉的命運，似乎總比離開、走向完全不知在何處的水源還要安全些。

池塘終於完全乾涸了，唯一剩下的大鱷魚也難耐飢渴而死去，牠到死還守著它殘暴的王國。

可是，那隻勇敢離開的小鱷魚，在經過長途的跋涉，幸運的牠竟然沒死在半途上，而在乾旱的大地上找到了一處水草豐美的綠洲。

人生旅途中又何嘗不是如此。守舊無異於等死，改變觀念到可以生存的地方，就有了希望。

三、分析癥結，找出病因

當事人要根據自己的實際情況與心理專家共同分析造成孤獨的原因，從而找到解決的切入點。自我暴露是消除孤獨的常用辦法。透過自我暴露，當事人能夠讓心理專家瞭解自己的心理成長過程，從中找到產生這種人際孤獨的原因，以便更好的幫助當事人。同時，透過心理專家有技巧的引導當事人的自我暴露，當事人能夠嘗試在心理專家面前打開自己自我封閉的心理，一旦當事人把他的心聲吐露給他人，其孤獨感就會在這種自我暴露中得到減輕。

【故事說明】

在愛因斯坦小時候，有一次手工課上，他決定製作一隻小木凳。下課鈴響了，同學們都爭先恐後的向那位漂亮而又嚴厲的女教師交上自己的手工作品。只有愛因斯坦交不出來，他急得滿頭大汗。女教師寬厚的望著這個數學、幾何方面都非常出色的男孩，相信他會交上一件好作品。第二天，愛因斯坦交給老師的是一隻製作得很粗陋的木板小

凳，一條凳腿還釘偏了。

「就只有這樣呀！」滿懷期望的女教師十分不滿意的對全班同學說，「你們誰見過這麼糟糕的凳子？」同學竊笑著紛紛搖頭。老師又看了愛因斯坦一眼，生氣的挖苦道：「我想，世界上不會有比這個更糟的凳子了。」教室裡一陣哄笑。愛因斯坦臉紅紅的，但他堅定的走到老師面前，肯定的對老師說：「有，老師，有的，還有比這個更壞的凳子。」教室裡一下子安靜起來，大家都迷惑不解的望著愛因斯坦，他走回自己的座位，從書桌下拿出兩張更為粗陋的木板小凳，說：「這是我第一次和第二次製作的，剛才交給老師的是第三張木板小凳。雖然它並不能使人滿意，可是總比起前兩張要好一些。」

這回大家都不笑了，女教師向愛因斯坦親切的點著頭，同學們也向他投來讚許的目光。

人生路上，我們難免會犯錯，也難免受到挫折，但只要敢於把自己的努力或缺陷表現出來，就能及時得到旁人的關注和幫助，也能讓自己在今後發展的道路上健康成長。

「他們總在背後說我的壞話」

——人際敏感心理調節

謹記：如果「認真」是一種美德的話，那麼過分認真，認真到了一些細微末節之中，而不去關注事情的本身，就會患上神經質的毛病。

患上這個毛病，會讓你在人群中感到不自在，與同學和老師之間的關係緊張，在人際關係上存在種種的困惑。所以，生活的藝術，即是堅持該堅持的地方，在堅持與妥協之中尋找到適度的平衡。

【原音重現】

孫季剛，高三學生

「我因為理科轉文科的原因，從原來的班級轉到了另一個班。」

「我在原來的班裡擔任副班長的，可是到了現在這個班，在競選中，副班長一職卻被李浩然奪得了。」

「在那之後我總覺得這個班的人沒有原來那個班的人那麼好，總是覺得自己被這個班

的人排擠，找不到歸屬感，非常懷念以前的班級。」

「有一次我正在用同宿舍其他同學的電腦時，由於李浩然要睡覺，就對我說，不要玩電腦了，並在未經過我允許的情況下把我正在用的電腦關了。」

「李浩然憑什麼關我正在用的電腦呀？」

「我覺得李浩然就是在故意針對我，李浩然他有什麼資格教訓我呀！」

「同宿舍的其他同學也沒有一個人站出來為我說話，我就是覺得所有的人都在幫李浩然排擠我。」

「為了那件事情，我已經不在學校的宿舍裡住了，可是每次見到李浩然總是覺得很不自然，一見到他我就來氣。」

【案例講評】

從孫季剛的敘述中可以推測，孫季剛是屬於人際敏感類型的人。他對於新團體，對於李浩然的反應都是屬於敏感反應。實際上，選不上班級幹部和李浩然關電腦都是很普通的事，前者不能歸罪於全班人針對他、排擠他，而後者也是一起偶發事件。

美國發展心理學家霍華德・加德納認為：人際敏感型的人是既以自我為中心又是自卑的人。這種人總是希望成為周圍人心目中的焦點和強者，希望得到周圍每個人

的稱讚。

在這個案例中我們可以看出孫季剛很注重跟同學打好交道，而且在前一個班級裡也取得了成功。可是，換了一個班級，由於是插班生，所以新的環境他不能那麼快就適應，於是他就把原因歸咎於大家排擠他，而沒有看到更客觀的原因。而且，孫季剛還把這種感覺擴大化，從而對自己融入這個新集體產生了強烈的抗拒感，造成惡性循環，強化了自己的不適感覺。所以，與同學的關係就變得很敏感。

對於有競爭力的李浩然，孫季剛更是感覺強烈。他認為李浩然搶走了他應該有的地位，並且還故意針對他，不給他好日子過。李浩然跟同學說話，孫季剛就會覺得是他們在說他的壞話或者是在商量要怎麼對付他。

人際敏感的人通常表現為：與人相處謹小慎微，患得患失，表現為多疑多慮，堅信人心難測而孤僻封閉的人。敏感是個很中性的詞，不能說好，也不能說壞，其實還是要看一個度的問題。敏感的人可能是性格細膩，容易接受別人的資訊和感受，不過，敏感的人也可能比較容易受到傷害，因為敏感的人如果太過於關注他人對自己的反應，那麼就難免會對別人的評價和反應過於在意，從而造成「言者無心，聽者有意」的誤會。許多學生常常會說，覺得周圍的人都不喜歡自己，或者是故意的針對自己，可是問及具體情況，你就會發現，其實很多都是由於當事人的多慮造成的。

【心靈點燈】

造成人際敏感的原因比較多，下面就具體的列舉幾種處理方法：

一、認知療法

認知療法就是透過心理專家的指導和幫助，消除不合理的想法，從而消除症狀。對有些當事人則必須給予更多的耐心和支持，讓他們從內心得到成長，收回把敵意投射到別人身上的防禦方式，消除人際敏感。

如果我們自己身處人際敏感的心理而無法自我調節，可以考慮尋找心理專家幫助，透過專家的介入，我們會慢慢的開始分析自己的感受和認知，承認有些感受是自己主觀造成的，而不是別人故意針對自己。

二、鬆弛訓練法

也稱放鬆訓練法，它是一種透過訓練有意識的控制自身的心理及生理活動，改善身體紊亂功能的心理輔導方法。目的在於透過肌肉的放鬆，達到精神的放鬆，以此來應付生活中產生的敏感情緒。

其方法是透過緊縮肌肉，深呼吸，釋放現在的思想，注意自己的心跳次數等，幫助

當事人經歷和感受緊張狀態和鬆弛狀態，並比較其間的差異。這樣就會使當事人敏感的神經逐漸的得到放鬆。這種方法需要當事人具有冷靜的思維與清醒的頭腦。

【故事說明】

大烏龜和小烏龜在一起喝可樂。大烏龜喝完自己的一份後，就對小烏龜說：「你去外面幫我拿一下可樂。」

小烏龜剛走幾步，就不走了，回頭說：「你肯定是派我出去以後，要把我的可樂喝掉！」

「這怎麼可能？你是在幫助我啊！」

經過大烏龜一再保證，小烏龜同意了。

一個小時過去了，大烏龜耐心等待著……

二個小時過去了，小烏龜還沒有回來……

三個小時過去了，小烏龜仍然未見蹤影。

大烏龜想：「小烏龜肯定不會回來了。牠一個人在外面喝可樂，怎麼會回來呢？我乾脆把牠的這一份喝了！」

大烏龜拿起可樂，剛要喝，門砰然一開。

「住手！」

小烏龜就像從天而降，站在大烏龜面前，氣沖沖的說：「我早就知道，你要喝我的可樂！」

「你怎麼會知道呢？」大烏龜尷尬而不理解的問。

「哼！」小烏龜氣憤的說，「我在門外已經站了三個小時了！」

三、系統脫敏法

脫敏，就是脫離、消除過敏的意思。其含義是當我們對某種事物、人和環境產生過分敏感的反應時，可以在當事人身上建立起一種不相容的反應，使其對本來可引起敏感反應的事物或人等，不再產生敏感反應，如有一些成年人害怕蟑螂，看見蟑螂就會出現極度的恐懼感，如：驚叫、心跳加速、面色蒼白等。

對這種過敏反應，可在自己信賴的人（父母、老師等）陪同下，在邊從事愉快的事情的同時，從無關的話題聊到關於蟑螂的話題，從圖片到玩具寵物，從電視、電腦的圖片影像再到真實的蟑螂，從遠到近，逐漸接近蟑螂，鼓勵當事人去看、去接觸，多次反覆，直至當事人不再過度恐懼蟑螂。

脫敏法一般和鬆弛訓練法結合在一起。大致程序如下：進行全身鬆弛訓練，放鬆身

體各部位；建立焦慮刺激強度等級層次，由當事人列舉從最強烈焦慮的情境到最輕微焦慮的情境並建立等級層次；焦慮刺激想像與鬆弛訓練活動相配合，讓當事人做肌肉放鬆，然後想像從焦慮刺激的最輕微等級開始逐步提高，直到最高焦慮等級也不出現焦慮反應為止。若在某一級出現了焦慮緊張，就應退回到較輕的一級，重新進行或暫停。

「我的臭脾氣怎麼就改不了？」

——人際衝突現象調節

謹記：人在社會中不是孤立的，人的存在是各種關係發生作用的結果，人正是透過和別人發生作用而發展自己，實現自己的價值。人際交往是人類社會中不可缺少的組成部分，人的許多需要都是在人際交往中得到滿足的。

如果人際關係不順利，就意味著心理需要被剝奪，或滿足需要的願望受到挫折，因而會產生孤立無援或被社會拋棄的感覺；反之則會因有良好的人際關係而得到心理上的滿足。

【原音重現】

陳偉誠，高三學生

「其實，我自己也知道．我是有些倔脾氣的。」

「我每次遇到讓自己發火事情時都不會說出來跟人家理論，只會用拳頭解決問題……」

「我從小在農村長大，家裡很節約，來到學校以後，在用水和用電上我也很節約。但是我們宿舍那幾位城裡同學卻完全沒有這個意識，他們經常不關燈就出門。」

「最氣人的就是有一次，我宿舍裡的一位同學有了電腦以後，很多同學都來我們宿舍玩遊戲，而且經常玩到很晚才回去，玩完了他們也不關機，我躺在床上怎麼也睡不著，又不知道怎麼跟他們說，好像說了顯得自己很小氣一樣。」

「可後來，宿舍的電費超出了很多，每個人要分攤電費，我覺得自己根本沒有義務去交這份多餘的電費，就說我不交，宿舍的同學就說我小氣，我不知道怎麼的，一下子就火了，就跟那個同學打了起來……」

「每次衝突過後，我都很後悔，覺得自己應該忍耐一下就沒有事了，可我就總是按捺不住自己的衝動。」

「我就是覺得自己雖然打人不對，可是卻都是因為別人對不起自己在先的，所以覺得

很委屈。」

「在我每次和同學發生衝突後，我覺得自己在老師和同學的心目中是一個『橫行霸道』的人，大家雖然表面對我客客氣氣的，可是沒有一個人願意跟我親近，沒有一個人能理解我。」

【案例講評】

這位同學的問題屬於性格衝動類型的心理問題，如何與人交往，怎樣處理人際關係讓他傷透了腦筋。父母和老師經常規勸他，他也知道自己的脾氣太過火暴。特別是上了高中後，他與班上同學的相處很不融洽，跟同宿舍的同學有過幾次不小的衝突，關係相當緊張：他也因為多次打架而受到老師的批評，並影響到了他的學習。他對於自己的性格和衝動的脾氣很不滿意，希望透過心理諮詢得到改善，讓自己有更好的人際關係。

引起這位同學造成人際衝突的社交障礙的原因如下：

首先是性格原因。當事人很衝動，是一個很內向的人，他很少向別人吐露自己真實的想法，遇到不愉快的事情總是先積壓在心裡，直到積壓到一定程度就透過暴力發洩出來。

其次是當事人嚴重社交能力和技巧不足。由於成長環境和個性特徵，當事人平時不

愛說話，很少跟人交往，總是獨來獨往，不善於跟人相處，也從來沒有真正有意識的培養自己這一方面的能力。

由於生活習慣不同而造成人際衝突是學生間的人際衝突中常見的問題之一。例如：有些人習慣早睡早起，而且睡覺時要求比較安靜的環境；而有些人習慣晚睡晚起，喜歡在宿舍裡面玩遊戲或者高談闊論，這樣，要睡覺的同學免不了就要受到不睡覺的同學的影響。

【心靈點燈】

對於人際衝突，能避免就避免，如果實在是不可避免的發生了，也不要為此背上心理壓力，使自己陷入進的去出不來的境地。

關於人際衝突的處理方法，一般可以從下面幾個方面來考慮：

一、努力完善性格

（一）要具體分析當事人的個性特徵，特別是指出他性格上的主要缺陷，讓他對自己的性格有更加客觀和正確的認知，從而可以找到完善他個性的切入點。這是一個人改善其人際關係的最為重要的內在因素和動力。

事都積壓在自己的心裡。

（二）在當事人可以接受自己的人格缺陷之後，與當事人共同制定一些具體的計劃和方法，鼓勵當事人在遇到問題的時候跟同學說明自己的感受，進行自我暴露，不要什麼事都積壓在自己的心裡。

（三）瞭解人際交往平等、互助、寬容的原則，打破以往的慣性思維。

【故事說明】

一次，一艘遠洋遊輪不幸觸礁，沉沒在汪洋大海裡，九位船員拚死登上一座孤島，才得以倖存下來。

但接下來的情形更加糟糕，島上除了石頭還是石頭，沒有任何可以用來充飢的東西。更為要命的是，在烈日的曝晒下，每個人都口渴得冒煙，水成為最珍貴的東西。

儘管四周都是海水，可誰都知道，海水又苦又澀又鹹，根本不能用來解渴。現在，九個人唯一的生存希望是老天爺下雨或別的過往船隻發現他們。

等啊等，沒有任何下雨的跡象，天際線除了海水還是一望無邊的海水，沒有任何船隻經過這個死一般寂靜的島。漸漸的，八個生存的船員支撐不下去了，他們紛紛渴死在孤島。

當最後一位船員快要渴死的時候，他實在忍耐不住的撲進海水裡，「咕嚕咕嚕」的喝

了一肚子水。船員喝完海水，一點兒也嚐不出海水的苦澀味，反而覺得這海水甘甜，非常解渴。他想：也許這是自己渴死前的幻覺吧。便靜靜的躺在島上，等著死神的降臨。

他睡了一覺，醒來後發現自己還活著，船員感到非常奇怪，於是他每天靠喝這島邊的海水度日，終於等來了救援的船隻。

後來人們化驗這水發現，這裡由於有地泉水的不斷翻湧，所以海水實際上全是可口的泉水。

誰都知道「海水是鹹的，根本不能飲用」，這是基本的「常識」，因此，八名船員被渴死了。是「環境」害死了他們，還是「經驗」呢？由此可知，敢於突破「經驗」，才有生存和成功的希望！

二、訓練提升情緒控制能力

透過行為訓練讓當事人學會控制自己的情緒和行為，增強自控能力，從而減少暴力衝突。透過自我暗示、放鬆訓練都可以達到一定的效果。

【故事說明】

旅行者穿著一件大衣急匆匆的趕路。北風看見了，便對太陽說：「我們來比賽一下

吧，看看誰能讓這位旅行者脫下他的大衣。」

「好吧。這場比賽一定是我贏。」太陽說。

「你贏？哈哈哈！」北風驕傲的說：「你一定沒有見識過我的威力吧。我發起威來，可以吹倒莊稼、吹倒樹木、吹倒房子。我能讓世界上的一切在我的威力下瑟瑟發抖。別說從他身上吹掉一件大衣，就是把屋頂統統吹翻，我也辦得到。」

北風說完，便開始發起威來。它鼓足了勁兒，拚命吹了起來。河水翻起了波浪，樹木東搖西晃，鳥兒們躲藏了起來，大地上的萬物果然在它的威力下顫抖了起來。

然而那個旅人呢？他不但沒有脫掉大衣，而且把大衣越裹越緊，北風累得筋疲力盡，仍然不能讓旅人脫掉大衣。

北風無計可施。

「現在看我的吧。」

太陽略略增加了一點溫度，慢慢的，旅人感到越來越熱，於是他解開了衣扣。過了一會兒，他乾脆脫下了大衣。

太陽贏了。

北風累得筋疲力盡，卻不能讓旅人脫掉大衣。太陽稍露身手，旅人便情不自禁解衣摘帽。有些人總是企圖用暴力征服人，而他們卻忘記了溫和的威力遠遠比暴力還要大。

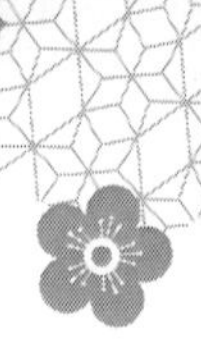

三、培養當事人的交際能力

針對陳偉誠的情況，要重點提高當事人的談話技巧和自我表達能力。交談是人際交往中最常用、最基本的溝通方式，也是影響人際交往的重要因素。有的人雖然很多話，但是卻沒有學會好好說話。本來是好意，可是話一出口，卻變成傷人的話。甚至讓對方產生厭惡的感覺。讓當事人多看一些關於人際交往和談話技巧的書，在現實中加以嘗試，從而提高自己的交往能力。

【故事說明】

一個小女孩站在花叢中，正扶著花枝，歪著腦袋，鄭重的對花私語著。詩人走過去，靠近她，蹲下去問：「妳在說些什麼呀？」

女孩道：「我說，花朵妳好漂亮啊。」

「花朵能聽到妳的話嗎？」

「能的！」小女孩很自信，「只要靠近她，她就能聽到你說的話。」隨後，她又機靈的說：「你對我說話時，不也是蹲下來，靠近我的嗎？」

孩子的天真，讓詩人不禁笑了起來。但詩人並不懷疑女孩所說的真實性。詩人相信女孩與花的心靈是相通的，相信女孩對「距離」的認識。

詩人牽著可愛的女孩，默默的走上回家的路。此時，女孩剛才的一番話仍縈繞於心，讓詩人心生感觸。

若要求得人與人之間的理解和溝通，你就得首先用心貼近他人，縮短人與人心靈的距離。只要用心交流，你也能聽到花的細語。

四、學習提高交際能力

當事人要多看一些關於社交技巧的書和資料，也可以從身邊人際關係好的人身上吸取一些經驗，提高自己的交往能力

【故事說明】

有一個人在森林的東邊迷路了。

他不斷穿行、奔跑，就是找不到走出森林的路。

他走了幾天幾夜，最後頹然的坐在一棵朽壞的樹幹邊哭泣。

突然，他聽到一個聲音：

請問，要怎麼樣才能走出這座森林？」

原來，那是一位在森林西邊迷路的人，他同樣走了幾天幾夜還是走不出去。

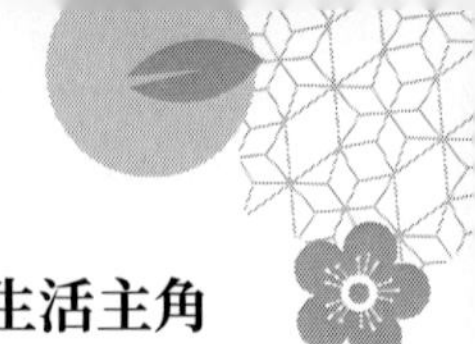

「真對不起，我無法為你指路，因為我也是迷路的人，但是如果我們兩人商量一下，說不定能找到森林的出路。」

於是，兩個迷路的人坐在一起商量，仔細分析了森林中的路徑，很快就找到出路，走出了茫茫的森林。

想像一下，如果兩個迷路的人沒有相遇，他們也許就永遠也走不出森林了。一個人想在事業上成功，固然要靠自己的努力，但是，除了自己的努力之外，還需要與別人合作。一個人如果只知自己，眼中沒有他人，那麼他再努力也往往是徒勞的。正如那兩個沒有相遇時的迷路人一樣。

「我真的不想上網了，但我實在控制不住」

——網路成癮綜合症調節

謹記：一旦發現自己離不開上網就是已經傾向成癮的狀態，必須果斷的告別網路，並且為自己的生活重新「程式設計」，重新培養自己的興趣愛好，以豐富多彩的課餘活動來替代上網。

開始時可以求助他人幫忙，待自己的注意力和興趣有了一定程度轉移後，再嘗試自己事先制定計劃，明確上網的正確目的後再上網。

【原音重現】

劉敬民，高二學生

「從小別人就都說我很聰明，一直以來學習成績也很不錯。」

「國中，我的作息時間還是由我的父母安排，那時開始我便很反感父母安排我的作息時間。」

「我進高一的時候學習成績還算不錯。可是，到了高二，我就開始迷上了網路遊戲，經常通宵達旦的上網。」

「我每天除了吃飯、睡覺就是上網玩遊戲，徹底放棄了學習，根本不上課。」

「到了高二下學期期末的時候，由於我科科成績不理想，所以學校已經通知家人尋求解決辦法，避免影響指考。」

「我現在的心裡很矛盾，我深知我不能再上網了，可我就是控制不住自己邁向網咖的腳步……」

【案例講評】

網路以它特有的優勢和發展速度，正在改變我們的工作、學習和思維方式，並滲透到了我們日常生活的每個角落，將我們帶進了一個新的時代。然而，電腦資訊網路也是一把「雙刃劍」，網路的負面效應猶如它的積極作用一樣，涉及到社會生活的各個方面，從當前網路對教育的負面影響來說，首推的當是學生上網成癮所帶來的諸多問題。

網路成癮也即「網路成癮綜合症」，美國心理學家金伯利認為，網路成癮綜合症與沉溺於賭博、酗酒、吸毒等上癮者無異。網路成癮者對上網有一種心理上的依賴感，主要表現為網路遊戲成癮、網上聊天與交際成癮、網上收集資訊成癮等多種形式。過度沉溺和依賴網路對學生的心理健康造成了極大的影響。

心理學專家認為學生網路成癮的原因有三個方面：

第一，網路自身的優勢是學生網路成癮的客觀原因。網路是現代科學技術進步的標誌，它的高科技性、超時空性、自由性、開放性、模擬性與時尚性對學生具有很強的吸引力。

第二，學生的個性心理特徵是網路成癮的主觀原因。具有不同個人特質的網路使用者，會受到不同的網路功能所吸引，會產生不同的網路成癮形態，網路成癮現象是由網路使用者的個人特質與網路功能相互作用的結果。

第三，使用網路不當是網路成癮的重要原因。正因為學生把網路當成了玩具，把上網當作休閒消遣，而不是把網路作為學習知識的工具來使用，在網路的認識和使用方法上存在嚴重的誤解，從而導致了本應在教室和圖書館裡學習的學生不分時日的湧入網咖，一坐就是幾個小時，有的甚至夜以繼日，忘記了時間和學習任務，經常遲到、曠課，整天睡眼惺忪，無精打采，從他們的表情中找不出年輕人所應具有的求知欲望和精神面貌。

【心靈點燈】

對於學生的上網行為，雖然學校可以採取系列措施進行管理，但主要還是靠學生自己加強認識、自我約束。下面是我們對於網路成癮的學生的一些建議：

一、認識自我

尚・布希亞在《完美的罪行》一書中指出：數位革命使人們逐漸遠離現實世界，這給人類自我認識和自我定位帶來巨大威脅。迅速發展的網路科技是一把雙刃劍，它在給人們帶來極大方便的同時，也帶來了一定的心理衝擊。

要正確認識自我，瞭解自身成癮的內在心理淵源和外在環境條件，深刻體會和思考

上網成癮的危害，明確自己的生活目標和責任，主觀上，加強與同學、老師和家人的交流，以積極的態度進行綜合治療，客觀上，嚴格控制上網時間，自覺消除不良行為。

二、建立自我約束機制

據瞭解，目前學生上網的主要目的是查詢資訊，其次是收發郵件，然後是遊戲、聊天，最後才是為上網而上網、打發時間。可見，多數學生面對虛擬世界的刺激，都能自我約束。而那些上網成癮者所缺少的就是這個，他們有一個共同的特點，就是自我人格的力量發育不良或削弱、依賴性強、自制力弱，要從根本上解決這一癥結，關鍵還是要提高個人的自制能力。為了自己的前途，主動接受身邊人的監督，學會自覺的控制上網時間，真正把上網作為查詢知識資訊的視窗和學習的工具。

(一)上網之前先定下目標。

每次花二分鐘時間想一想你要上網做什麼，把具體要完成的任務列在紙上。不要認為這個二分鐘是多餘的，它可以為你省下十個二分鐘，甚至一百個二分鐘。

(二)上網之前先限定時間。看一看你列在紙上的任務，用一分鐘估計一下大概需要多長時間。假設你估計要用四十分鐘，那麼把小鬧鐘定到二十分鐘，到時候看看你進展到哪裡了。

【故事說明】

燕雀、荊棘和海鷗聽說大海是個廣闊的市場，到那裡的人們都能賺到很多錢，於是牠們決定一起去闖蕩一番。

燕雀變賣了所有的家當，又四處奔波，東挪西借，湊到一筆本金帶上了；荊棘想做服裝生意，於是進了各式各樣的衣服；海鷗想：「海上的人食物很單調，我就販賣罐頭吧，不會變質，肯定受歡迎。」牠們懷著各自美好的夢想上船了。

但是，牠們的美夢很快就泡湯了，一場突如其來的暴風驟雨把牠們的船打翻了，燕雀裝本金的箱子，還有荊棘和海鷗的貨物全都沉到了海底。唯一幸運的是，牠們三個都平平安安的回到了陸地上。

燕雀垂頭喪氣，擔心遇到債主，於是白天就躲藏起來，到了夜深人靜的時候才謹慎的出來覓食；荊棘一直在想，說不定自己的衣服被海上的人撿到了穿在身上，於是派它的親戚朋友站在路邊，有人路過就拉住別人不放，看看究竟是不是自己的衣服；海鷗也心有不甘，整天在海上盤旋，琢磨著罐頭可能會沉到什麼地方，時不時的潛下水去尋找。

牠們一直都這樣，以至於牠們的後代還在不停的逃避和尋找失去的東西。

三、正確的自我引導

不要把網路作為逃避現實生活的問題或者排遣消極情緒的工具，不要用上網來麻醉自己，現實中的問題要在現實中解決。一旦發現自己離不開上網、已經成癮了，必須果斷的告別網路，並且為自己的生活重新「程式設計」，重新培養自己的興趣愛好，以豐富多彩的課餘活動來替代上網。取代對上網的依戀，若必須透過網路完成某些課程任務或人際交往，開始時可以求助他人幫忙，待自己的注意力和興趣有了一定程度轉移後，再嘗試自己事先制定計劃，明確上網的正確目的後再上網。

【故事說明】

在遙遠的一座大山上，住著一個能預知未來的老人，據說他能回答任何人提出的問題。

有個年輕人很不服氣，想愚弄這個老人，他抓了一隻小鳥，藏在身後，問：「我手中的小鳥是活的還是死的?」這個年輕人想：如果老人說小鳥是活的，我就把牠掐死；如果老人說是死的，我就鬆手讓牠飛掉。

老人鄭重的看著這個年輕人說：「生命就掌握在你的手上！」

在你的人生中存在著許多你要完全負責的事情，存在著許多你完全可以控制

的事情。

「在虛擬的世界中，我心狂野」——逃避現實心理調節

謹記：不要脫離現實，要多參加集體活動，讓身邊的人發現自己的長處，然後擴大活動的範圍，最後在活動中加強與身邊人的溝通，適當的鍛鍊自己的人際交往能力。

【原音重現】

田旭光，高二學生

「我平時就不善交際，性格十分內向，但我的內心卻很『狂野』。」

「我在平時跟同學和老師打招呼時，常被他們忽視。」

「可是，每當我置身於網路天地的時候，我就感覺有一種說不出來的舒服的感覺。」

「上網的時候，感覺我就像換了一個人似的，我的思維在那時的敏捷程度連我自己都不敢相信。」

「我經常在網上談古論今，滔滔不絕，人們都稱我為『才子』。」

「現在，我一離開電腦就做什麼事情都心不在焉的，除了電腦，我什麼都不想要，除了上網，我對別的事情再也提不起興趣。」

【案例講評】

現實生活裡沒有的被認同感，在虛擬的網路空間裡卻得到了，也找到了志趣相投的朋友，自我膨脹的欲望不斷刺激著他。由於花在上網的時間長，生活費用變得緊張，學習成績也在下降。

長時間與電腦打交道的青少年很容易形成對網路的依賴心理，並自覺不自覺的「異化」了兩種交往方式。一方面，他們喜歡在網上以浪漫幽默的方式與種種陌生的人打交道；另一方面，他們在現實生活中卻變得沉默寡言、不善言談，甚至懶得與活生生的人進行感情交流。在網上他們是交流高手，現實生活中卻變成交流的低能兒。

網路就如一把無形的「鎖」，鎖住了他們面對現實情感世界的心靈之門，他們不再為人世間的真情實感所動，卻對虛擬的網路空間「一網情深」。由於他們過分關注人和網路的交流，淡化了個人與現實社會的交往；長期與網路媒體打交道，失去對周圍現實環境的感受力和積極參與意識，就可能導致他們形成孤僻、冷漠、緊張、不合群、缺乏責任

感的心理傾向，這些都不利於青少年優秀人格的養成和健康成長。

網路空間具有有限的感知經驗、靈活而匿名的個人身分、平等的地位、超越空間界限、時間的延伸和濃縮、永久的記錄、易於建立的大量人際關係、夢幻般體驗以及黑洞體驗等基本心理特徵，在網路所創造出的虛擬世界中，失敗可以被否認和逆轉，不需承擔任何責任，現實中被壓抑的欲望、禁忌、攻擊和幻想可以以象徵的方式得到釋放和滿足，在網路中也可以實現對性慾、權力、財富的虛擬滿足。

美國心理學家格林菲爾德認為，網際網路之所以讓這麼多人著迷，是因為它能讓使用者產生虛幻的無時空感和無壓抑感，而這種力量所造成的親近感和隱私性是其他任何事物都不曾有的，能夠滿足人們在現實生活中無法滿足的需求，產生增強自信和自我肯定的認知和體驗，強化上網的行為，為了繼續不斷的獲得成就感和滿足感，而產生追求衝動，導致上網頻率、時間和經濟花費增加。

【心靈點燈】

由於網路所引發的學生逃避現實的現象，是正在影響學生正常的生活與學習的突出問題，那麼，對於正在被這一問題所困擾的學生來說應該怎樣正確的處理與對待呢？下面是給大家的一些建議：

一、現實生活因真實而美好

素未謀面的人的讚賞只能局限在網路上，看不到他們生動的笑容，資訊是不完整的，不是所有的人都樂於接受網路交往，真實的生活是與真實的人真實的打交道，唯有如此，體驗才更豐富，生活才更美好。

【故事說明】

一頭牛被主人從牛欄中牽出，去拉水車。牛很不情願，總是走走停停。主人很著急，想方設法去調動牛的積極性。一開始用草，後來用飼料，可無論怎樣激勵，牛的幹勁都毫無起色。後來主人想了想，用一塊布蒙住了牛的眼睛。這下子效果奇佳，牛很有勁的拉著水車走了下去。

傍晚，牛被牽回牛欄。另一頭牛看牠渾身是水，驚奇的問：「大哥，你到哪兒去了？」這頭牛神祕的說：「老弟，今天我做了一項非常重要的工作，主人牽我去了一個很遠很遠的地方，是只有馬才能有幸到達的地方，而且這工作對主人非常重要。主人對我的工作非常滿意，一路上讚聲不絕。」

第二天，主人又把這頭牛叫出去拉水車，這頭牛搖頭擺尾，無比的自豪。於是牠又被蒙上眼睛，一圈又一圈的轉著。

對於愚昧者來說，被人蒙上眼睛要比睜開眼睛走路開心得多，因為他們總是愛逃避現實，而太相信幻覺。幻想是要有的，但幻想總不能當糧食來食用。

二、多參加集體活動

學會信任別人，多參加集體的活動，給予別人關懷的同時他們才會給予你關懷與友愛。

【故事說明】

一個寂寞的人看了一個電話的廣告：「有了電話，朋友就來！」

於是，他裝了一部電話，希望朋友會跟著來。

白天他賣力的工作，回家之後就盯著電話機，還不由得心想他錯過了不少電話。但他仍然寂寞，開始為可能漏接的電話而抓狂！

一天他從信箱裡看到電話答錄機的廣告：「有了電話答錄機，朋友不『漏接』！」。

答錄機裝了一個星期後，他就把它退了——空空的答錄機顯得房間更加寂寞。

不是有了電話就有了朋友，同樣的不是有了金錢就有了朋友，存著一顆真誠和主動熱忱的心，才最為重要。當你主動的付出關懷與熱情、主動的幫助別人時，你周遭的人

便會因為你的付出而更加的感謝你，也會回報你的熱情和幫助。

三、重新規劃時間

確保足夠的學習、工作時間，透過行為自控、生物回饋、有指導的想像等方法加強控制意識與動機，減少對網路的心理依賴。

【故事說明】

華羅庚出生在一個小商人家裡，父親靠擺個小攤來維持一家人的生活。華羅庚自幼喜歡讀書，尤其酷愛數學，但因交不起學費在他國中畢業後就退學了。

回到家中，他替父親看攤子。他借來代數、幾何和一本只剩五十頁的微積分。白天，他在攤子上手不離書；夜裡，他守著小油燈無休止的進行數學習題演算。家庭生活的窮困沒能阻擋華羅庚的自學步伐，但病魔卻使得他的一條腿殘廢了。為了生存，他不得不拖著殘廢的腿去一所學校當雜工。

在學校工作時，他著手撰寫數學論文。一篇篇論文寄出去，被退回來，就再寫、再寄，他開始向赫赫有名的數學家挑戰。他的論文《蘇家駒之代數的五次方程式解法不能成立之理由》發表了，他那縝密明快而又別具一格的數學論文最終被數學泰斗熊慶來看

重。這位老教授把華羅庚請去當數學助理。華羅庚就更加發奮工作，拚命學習，他只用一年半的業餘時間就攻下了數學專業的全部課程，並自修了英語和法語。他的數學論文一篇又一篇的在國外報刊上發表，這個只有國中畢業文憑的年輕人，在數學領域裡嶄露頭角了。

一九三四年，在熊慶來教授的推薦下，華羅庚登上了大學的講台。後來，華羅庚從國外深造後回國，在大學裡擔任教授。華羅庚苦於研究，勤於教學。他一生孜孜以求，刻苦奮鬥。為了提醒自己，他給自己寫了幾句話：「樹老怕空，人老怕鬆。不空不鬆，從嚴而終。」他經常用自身的經歷告誡弟子們：「學問是沒有止境的，科學是實事求是的，是精益求精的。科學每進一步都要付出艱苦的工作。」

正如華羅庚說的那樣，他的一生都在逆境中苦戰攻關、不斷的攀登科學高峰。

四、提升自我控制能力

有意識的控制上網欲望，並在上網之前首先明確目的，搞清楚自己上網到底要做些什麼?同時，對資訊做出理性、有效的選擇，不要輕易的被某些超出目標的無關資訊所干擾。

【故事說明】

一個沿街流浪的乞丐每天總在想，假如我手頭上有兩萬元就好了。一天，這個乞丐無意中發現了一隻很可愛的走失小狗，乞丐發現四周沒人，便把狗抱回了他住的窯洞裡，拴了起來。

這隻狗的主人是本市有名的大富翁。這位富翁丟狗後十分著急，因為這是一隻純正的進口名犬。於是，他就在當地電視台發了一則尋狗啟事：如有拾到者請速歸還，他會支付酬金二萬元。

第二天，乞丐沿街行乞時，看到這則啟事，便迫不及待的抱著小狗準備去領那二萬元酬金，可是當他匆匆忙忙抱著狗又路過張貼啟示處時，發現啟事上的酬金已變成了三萬元。原來，大富翁尋狗不著，又電話通知電視台把酬金提高到了三萬元。

乞丐似乎不相信自己的眼睛，向前走的腳步突然間停了下來，想了想又轉身將狗抱回了窯洞，重新拴了起來。第三天，酬金果然又漲了，第四天又漲了，直到第七天，酬金漲到了讓市民都感到十分驚訝時，乞丐這才跑回窯洞去抱狗。可他沒想到的是，那隻可愛的小狗已經被餓死了，乞丐還是乞丐。

其實人生在世，好多美好的東西並不是我們無緣得到，而是我們的期望太高，往往在剛要接近一個目標時，又會突然轉向另一個更高的目標。西方一位哲人曾說過這樣一句話：「人的欲望是座火山，如不控制就會害人傷己。」

附：趣味心理測試

選圍牆測人際關係

你可能想不到對圍牆樣式的選擇，往往會透露出你與周圍人士的人際關係。這個測試有助於你更好的瞭解自己。

當你終於可以和你的意中人共築愛巢時，你想在你們的愛巢四周築起一道圍牆，下面四種形式，你會選擇哪一種呢？

A、房子周圍用磚砌圍牆

B、房子周圍種許多小樹

C、房子周圍被鐵柵欄包圍

D、房子周圍用木柵欄圍起

答案

選擇A房子周圍用磚砌圍牆

你非常自信，自視甚高，因為不服輸的個性，常常會將主導權掌握在自己手裡。選

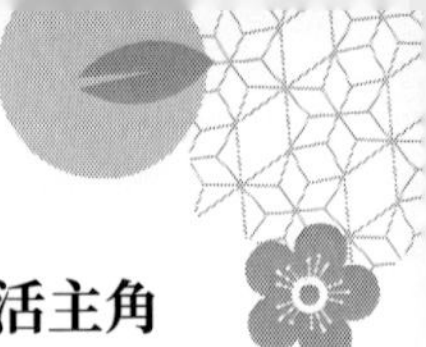

擇這種圍牆類型的你，很重視自己的私生活。

選B房子周圍種許多小樹

你對異性缺乏尊重，甚至態度強硬，常有不專情的行為。同時，你的個性較消極，沉默寡言，交際並不很廣，但非常重視自己的家人和朋友，是個保守型的人。

選C房子周圍被鐵柵欄包圍

你活潑開朗，與任何人都能輕鬆交際，擁有眾多同性與異性朋友，屬於社交家類型。你雖然心胸開闊，能接納任何類型的人，但如果一味的當老好人，恐怕難免招來不必要的誤會。

選D房子周圍用木柵欄圍起

你好惡分明，對你喜歡的人，你會熱情相交、融洽相處，對你不喜歡的人，你則冷若冰霜，愛理不理。因此，對你不太瞭解的人，常會對你產生誤會。不過，你會心甘情願為自己的意中人獻身，希望兩人共譜一段轟轟烈烈的戀曲。

「在虛擬的世界中，我心狂野」

電子書購買

他小時候不是這樣，到底出了什麼問題？拯救青春期焦慮症，26 個孩子不曾說出口的祕密 / 黃依潔著 . -- 第一版 . -- 臺北市：崧燁文化事業有限公司，2021.08
面；　公分
POD 版
ISBN 978-986-516-724-0(平裝)
1. 青少年心理 2. 心理輔導
173.1　　110009394

他小時候不是這樣，到底出了什麼問題？拯救青春期焦慮症，26 個孩子不曾說出口的祕密

臉書

作　　者：黃依潔
發 行 人：黃振庭
出 版 者：崧燁文化事業有限公司
發 行 者：崧燁文化事業有限公司
E-mail：sonbookservice@gmail.com
粉 絲 頁：https://www.facebook.com/sonbookss/
網　　址：https://sonbook.net/
地　　址：台北市中正區重慶南路一段六十一號八樓 815 室
Rm. 815, 8F., No.61, Sec. 1, Chongqing S. Rd., Zhongzheng Dist., Taipei City 100, Taiwan (R.O.C)
電　　話：(02)2370-3310　　傳　　真：(02) 2388-1990
印　　刷：京峯彩色印刷有限公司（京峰數位）

定　　價：320 元
發行日期：2021 年 08 月第一版
◎本書以 POD 印製